职业指导教程

中国劳动社会保障出版社

图书在版编目(CIP)数据

职业指导教程/吴泽波，汪全洲主编. -- 北京：中国劳动社会保障出版社，2021

ISBN 978-7-5167-2781-2

Ⅰ.①职… Ⅱ.①吴…②汪… Ⅲ.①职业选择-教材 Ⅳ.①C913.2

中国版本图书馆 CIP 数据核字(2021)第 109653 号

中国劳动社会保障出版社出版发行

（北京市惠新东街 1 号　邮政编码：100029）

*

北京市白帆印务有限公司印刷装订　　新华书店经销

787 毫米×1092 毫米　16 开本　5.5 印张　82 千字

2021 年 6 月第 1 版　　2021 年 6 月第 1 次印刷

定价：16.00 元

读者服务部电话：（010）64929211/84209101/64921644

营销中心电话：（010）64962347

出版社网址：http://www.class.com.cn

编委会

序 言

谈到学校的职业指导，人们一定会认为，近十几年来随着国家对就业工作的高度重视，学校的职业指导工作已经逐渐走向成熟。但实际情况是，各学校在开展职业指导工作时，往往形式大于内容，表态多过行动，在校学生对职业指导满意度普遍不高。多年来，我一直在思考这样一个问题，那就是如何在学校有效地开展职业指导工作。

我本人的职业指导工作主要面向学校，因此，我总是有很多机会问问各学校从事就业工作的教师，他们或他们学校是怎样开展职业指导工作的，有哪些得意的做法。出乎意料的是，多数人都以在学校开一门职业指导课程而津津乐道，言必称“career”。在学校给学生开一门职业指导课程，是很多教师喜欢做的事情，甚至多数教师误认为这就是职业指导的全部。至于职业指导课程的效果怎样，能否促进学生的职业发展，则普遍缺少案例和数据分析来佐证，更缺乏有针对性的校本教材作为支撑。这种情况反映了目前学校在开展职业指导工作时仍然存在认知上的偏差。

想要上好一门课程必须明确一个前提，就是这门课程的性质。我认为，把职业指导课程作为一门学术理论课或作为一门应用实践课是目的和效果完全不同的两门课程。很多教师对此并不清楚，以为介绍一些新的概念，学一下约翰·霍兰德的理论就足够了。其实，把职业指导课程作为学术理论课反而容易些，无非照本宣科；作为应用实践课更加有难度，因为上应用实践课要做很多准备工作，要有丰富的教学题材，关键是必须要让学生们喜欢。但是，职业指导的本质是指导实践，因此，我们反对把职业指导课程作为学术理论课来对待。这个观点对各类学校都是有裨益的，包括技工学校。

早在 1909 年，职业指导的鼻祖——美国人弗兰克·帕森斯在《选择一个职业》一书中，就结合当时的社会背景，提出了解决“人职匹配”问题的应用实践方法。职业指导的内涵就是对个体的职业发展提供有效的帮助。职业指导的形式是多元化的，不管哪种形式，只要能够实现职业指导的内在要求，就是有效的形式。当前，因为职业指导的专业教师严重不足，“一对一”的个性化辅导受到制约，课程辅导显然是最为可取、覆盖面最广的方式。但现实是，如何统筹开展科学、合理的职业指导，如何让职业指导作为一门有效的课程存在，想要解决这些问题还有很长的一段路要走。

2014年的春天，我陪陈斯毅同志到广东省茂名市开展就业工作调研，当时很多人社系统的专家建议我们到茂名市高级技工学校看看。我作为广东省首席职业指导师，并且又是在学校工作的人，当然对此感兴趣。到了学校，吴泽波校长为我们介绍了学校有效开展职业指导的情况和未来的打算。该校在职业指导方面不仅高度重视，而且有办法，撸起袖子真抓实干。吴泽波校长重点提到开展职业指导课程的计划，其中准备编写并出版系列校本教材的规划给在场的专家留下了深刻的印象。今天看来，有领导班子高度重视职业指导工作，加上有一批具备较高素养的专业教师，学校能编写出职业指导方面的精品教材是顺理成章的事。

近期编写的这本教材，我认为达到了以下三个目的：

第一，教材在严谨的理论基础上，科学安排了符合技校学生特点的内容，从概念到实践，由浅入深，编排非常合理，是目前我见到的技校类最好的职业指导校本教材之一。

第二，教材是实践到理论再到实践的成果，非常接地气，符合技校学生的个性特点，其中大量案例都出自本校职业指导教师的工作实践。以该教材作为上课的依据，可以满足职业指导的有效性要求。

第三，该教材是学校教师的心水之作，不仅适用于茂名市高级技工学校，而且有必要向其他同类技工学校推广。欢迎从事职业指导的其他学校教师共同分享本书编写成果。

王尔新

写于中山大学康乐园

前　言

目前，各地都在推进产业转型升级，社会对高技能人才的需求越来越大。技校学生作为社会新成长的劳动力，是当之无愧的社会就业的生力军。近年来，技校学生就业越来越受到重视，就业形势逐年好转，毕业生就业率达到98%以上。但是，在实践过程中，发现当前技校学生就业“有数量没质量，就业不稳定，优质就业难”问题仍普遍存在。技校学生就业不稳定，没有实现高质量就业，关键原因主要是技校学生自身就业观念问题，他们普遍缺乏对职业生涯规划的认识，职业方向不够明确，此外，还在一定程度上受到就业能力、职业能力等因素的影响。

面对技校学生普遍存在的就业质量不高、就业稳定性不强等问题，职业指导显得尤其重要，加强就业指导工作成为当前技工教育和教研改革发展的一项紧迫任务。为了全面贯彻人力资源社会保障部关于加强技工学校就业指导教学的要求，我们根据当前技校学生的就业新形势、新动态和就业指导工作的客观需要，紧密结合技校学生的自身特点，不断探寻技校学生就业工作的客观规律，编写此书。本书旨在引导技校学生认清当前就业形势，树立正确就业观，帮助技校学生提升就业素质，掌握正确求职与择业的方法技巧，增强就业能力，规划好职业生涯，为技校毕业生成功求职择业、稳定就业、增强职业能力和走向职业成功提供必要的指导。

本书编写注重针对性、实用性，力求做到：

一、尽量吸收当前国内外职业指导的新理念和新知识，吸取同类教材的精华，并与当前技校学生的就业形势和就业服务工作相结合，力求让学生掌握就业技能。

二、对技工学校开展的职业指导工作经验和成果加以总结和提炼，使之更贴近实际，更具有针对性，在讲授基本理论的基础上，强调对技校学生就业素质与能力的培养，并以技校学生就业故事为例，增强可读性和实用性。

三、在编排体例上注重学科知识结构的完整性和系统性，力求通过清晰的思路、简洁通俗的文字和图文并茂的形式，便于学生阅读与记忆。

另外需要说明的是，本书案例中的人名均采用化名。

由于作者水平有限，书中的不足之处在所难免，恳请读者批评指正！

编者

目　录

第一章　评价你的职业能力 …………………………………… (1)

一、什么是职业 …………………………………… (2)

二、职业的属性 …………………………………… (2)

三、职业的类别 …………………………………… (3)

四、增强你的职业能力 …………………………………… (5)

五、案例 …………………………………… (6)

六、小结 …………………………………… (7)

七、练习 …………………………………… (8)

第二章　树立正确就业观 …………………………………… (9)

一、什么是就业观 …………………………………… (10)

二、职业选择面临的挑战 …………………………………… (11)

三、如何树立正确的就业观 …………………………………… (13)

四、案例 …………………………………… (15)

五、小结 …………………………………… (16)

六、练习 …………………………………… (16)

第三章　培养职业兴趣和责任感 …………………………………… (18)

一、什么是兴趣 …………………………………… (19)

二、职业兴趣的发展阶段 …………………………………… (19)

三、培养职业兴趣 …… (20)
四、什么是责任 …… (21)
五、学会承担责任 …… (21)
六、案例 …… (23)
七、小结 …… (24)
八、练习 …… (24)

第四章 增强职业素养 …… (26)

一、职业素养的内涵 …… (27)
二、员工应具备的职业素养 …… (28)
三、职业素养的重要性 …… (29)
四、案例 …… (30)
五、小结 …… (31)
六、练习 …… (31)

第五章 职业生涯规划 …… (33)

一、职业生涯规划概述 …… (34)
二、职业生涯规划的用处 …… (35)
三、制定职业生涯规划的原则 …… (36)
四、制定职业生涯规划的常见误区 …… (36)
五、制定职业生涯规划的步骤 …… (37)
六、职业生涯规划书 …… (38)
七、案例 …… (41)
八、小结 …… (42)
九、练习 …… (43)

第六章 建立顶岗实习观 …… (45)

一、什么是顶岗实习 …… (46)
二、顶岗实习的意义 …… (46)

三、顶岗实习常见问题 …………………………………………………………（47）
四、职业胜任 ……………………………………………………………………（48）
五、知识、技能和经验对职业活动的影响 ………………………………………（49）
六、顶岗实习的正确观念 ………………………………………………………（50）
七、案例 …………………………………………………………………………（51）
八、小结 …………………………………………………………………………（52）
九、练习 …………………………………………………………………………（52）

第七章 做好求职准备…………………………………………………………（54）

一、收集和利用就业信息 ………………………………………………………（55）
二、建立合理求职思路 …………………………………………………………（56）
三、增强求职心理 ………………………………………………………………（57）
四、制作求职简历 ………………………………………………………………（57）
五、案例 …………………………………………………………………………（63）
六、小结 …………………………………………………………………………（64）
七、练习 …………………………………………………………………………（64）

第八章 准备面试 ………………………………………………………………（66）

一、面试前准备 …………………………………………………………………（67）
二、面试的内容 …………………………………………………………………（68）
三、面试失败的主要原因 ………………………………………………………（69）
四、面试技巧 ……………………………………………………………………（69）
五、面试前的重要 3 分钟 ………………………………………………………（72）
六、案例 …………………………………………………………………………（73）
七、小结 …………………………………………………………………………（74）
八、练习 …………………………………………………………………………（75）

第一章
评价你的职业能力

任何一个人取得职业成功都离不开良好的职业能力，职业能力决定着每个人的职业前途。因此，在就业之前，同学们必须了解什么是职业、职业的属性、职业的类别，只有通过充分了解，设法增强自己的职业能力，才能花最少的时间寻找到合适自己的工作。

在这一章里，你将学习到什么是职业，以及一个成功的职业人需要具备的职业能力。

职业指导教程

一、什么是职业

职业是人们从事的相对稳定、有经济收入和专门类别的社会劳动，它是人们享有公民权利、承担公民义务与社会责任的重要体现。

职业和每个人都有密切的联系，每个劳动者都要通过从事不同的职业活动，获得物质生活来源和职业发展。一个人一生中可能从事一种或多种职业，会有自己的职业生涯，并通过职业生涯实现自己在社会中的发展，实现自己的理想和价值，为家庭、组织和社会做出贡献。因此，了解及认识职业，对选择职业、寻求职业发展至关重要。

二、职业的属性

（一）职业具有经济性

职业具有经济性是说人们可以通过从事职业活动取得一定的经济收入。经济收入既是人们从事职业活动的基本动机，也是从事职业活动的直接结果。

（二）职业具有价值性

职业的价值性体现在职业活动能够满足他人的需要。职业的价值性要求我们从事任何职业活动必须树立服务意识，服务他人、服务组织、服务社会的能力越强，职业活动就会拥有越高的价值。

（三）职业具有社会性

职业的社会性表现在一个人从事职业活动必然要与他人发生联系，包括同事、领导、下级、客户、供应商等。不同职业活动之间同样相互联系、相互促进。

（四）职业具有专门性

职业的专门性一方面体现了不同职业都拥有各自的专门技术和技艺，需要人们专门学习和掌握；另一方面形成了不同职业的道德规范和行为规范，要求人们必须遵守。

（五）职业具有稳定性

职业一旦形成便会在或长或短的时期内存在和发展。职业的稳定性使人们学习掌握职业知识和技能成为可能，也使人们的职业生涯发展和规划成为可能。

三、职业的类别

（一）职业分类

当你就业时，你会发现可选择的行业太多，你无从入手。其实，职业可以分为以下八大类。

第一大类：国家机关、党群组织、企业、事业单位负责人。

第二大类：专业技术人员。

第三大类：办事人员和有关人员。

第四大类：商业、服务业人员。

第五大类：农、林、牧、渔、水利业生产人员。

第六大类：生产、运输设备操作人员及有关人员。

第七大类：军人。

第八大类：不便分类的其他从业人员。

对职业进行上述分类后，你可能会找到适合自己的职业类别，你的思路会更加清晰。当然，各类职业有不同的特点，对此你要认真分析，以便更好地掌握你的就业成功之路。

（二）人格类型与职业的关系

人格类型与职业的关系属于“人职匹配”理论。这个学说是美国著名职业指导专家约翰·霍兰德教授创立的，他把千差万别的人格归纳为六个基本类型，不同人格类型对应不同职业。

1. 现实型。这类人喜欢有规则的具体劳动和需要基本技能的工作，但缺乏社交能力。这类人适合从事的主要是熟练的手工工作和技术工作，如制图员、司机、电工、机械工、木工、修理工等。

2. 调查型。这类人喜欢需要运用智力，抽象的、可分析的、可推理的和独立的定向任务，但缺乏领导能力。这类人适合从事的主要是科学研究和实验工作，如气象学者、天文学者、地质学者，以及物理学、生物学、化学、数学等学科的科学工作者。

3. 艺术型。这类人喜欢通过艺术作品来达到自我表现的目的。他们感情丰富、善于想象，对艺术创作充满兴趣，但缺乏办事能力。这类人适合从事的职业有室内装饰师、诗人、作家、演员、记者等，或者从事与音乐、书画、雕塑、舞蹈、摄影等相关的工作。

4. 社会型。这类人对社会交往感兴趣，愿意出入社交场所，关心社会问题，愿为社会服务。这类人适合从事的主要是与人打交道和为人办事的工作，即教育人、医治人、帮助人、服务人的工作，如教师、医生、护士、律师、服务员、公关人员，以及社团工作者和社会活动家等职业。

5. 管理型。这类人性格外向，对冒险活动、领导角色感兴趣，具有支配、劝说和使用语言的技能，喜欢管理和控制别人，但这类人往往缺乏科学研究能力。这类人适合从事的主要是管理、决策方面的工作，如国家机关及机构负责人、党团干部、经理、厂长、推销员等，或者从事宣传、推广等工作。

6. 常规型。这类人对系统的、有条理的工作感兴趣，讲究实际，喜欢有秩序的生活，习惯按照固定的规程、计划办事。这类人习惯选择与文件档案、日程表等打交道的工作，如办公室职员、图书管理员、税务员、统计员、出纳员、秘书及打字员、校对员等工作。

每个人都有适合自己的职业岗位，通过对六种人格类型及相应职业的分析，每个人都能找到与其特性相一致的职业，以实现人与职业之间的合理匹配。

四、增强你的职业能力

你是否会有这样的困惑？我想进机关单位，工作体面，受人尊敬；我又想进企业，享受好环境、高待遇；我还想做一名出色的企业技术人员，工作稳定，体现价值。

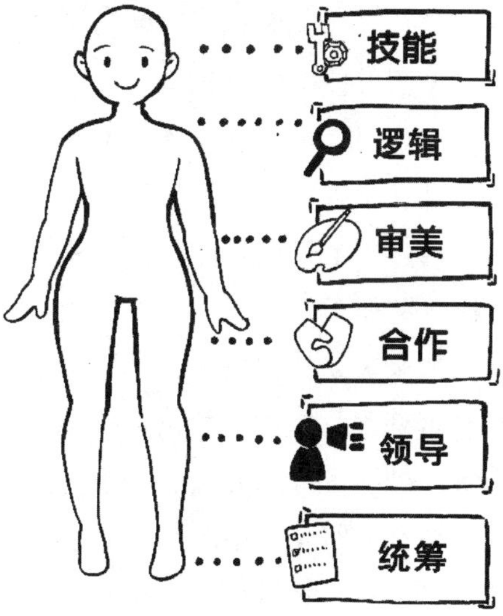

就业的成败取决于你自己。在就业之前，你应该分析并评价一下自己，看看自己是否具有成功就业者的素质和能力。我们要清楚，成功的就业者之所以能够成功，并非因为他们走运，而是因为他们工作努力，并且具有一定的素质和能力。

思考以下关键词，并进一步增强你的职业能力。

（一）承诺

要想成为一名出色的就业者，你要对你的工作有所承诺。也就是说，你要对你的工作负责。对于每一项你承诺去做的工作，你是否全身心投入，事无巨细地去完成呢？如果你肯这样做，这就是你能成功就业的重要因素。

（二）目标

如果你工作是想达到什么目的，或者想改变什么，那么你离成功就业就不远了。如果你得过且过，没有方向与目的，那么你成为成功就业者的可能性就不大。一个人有自己的工作目标和梦想，而且相信梦想是可以凭自己的能力去实现的，这是你成功就业的巨大推动力。

（三）诚信

如果你做事不重信誉，对领导、同事、朋友都不诚信，那将有损你的声誉。名声不好是一个人就业的大忌，它会为你就业带来极其不利的影响。对领导、同事、朋友都讲诚信，注重自己的信誉建设，以诚待人，这是你成功就业的强大助力。

（四）健康

每一项工作的完成都需要就业者具备良好的身体素质。没有健康的身体，就无法兑现自己的工作承诺。身体健康，这是你成功就业的最基本因素。

（五）技能

你是否掌握了过硬的技术技能？掌握过硬的技术技能是一个成功就业者的必备条件。学好技术技能是你成功就业的基本条件。

通过以上几项条件分析，哪些技能和素质是你的弱项？思考一下，你将怎样克服这些弱项？

如果欠缺技术技能，你要考虑并决定怎样获得技术技能，认真向老师请教，勤学苦练，掌握过硬的技术技能。我国的职业技能标准一般把职业技能分为五个等级，即从一级到五级，一级为最高级别，五级为最低级别，五个等级从低到高也可称为初级工、中级工、高级工、技师和高级技师。

如果待人不诚信，做事有不守承诺的坏习惯，你要找一些励志的书籍学习，慢慢养成诚信待人、一诺千金的好习惯。

如果身体状况不太好，你要加强锻炼，把身体调理到最佳状态。

五、案例

陈锋和李玉的就业故事（一）——专业选择

陈锋就读于化州市某中学，高中毕业后，他的高考成绩不理想，只考上 3B

大专（第三批专科 B 类）。3B 大专学费昂贵，而陈锋家里贫穷，难以负担。经过考虑，他选择了免学费的某高级技工学校，报读汽车维修专业。

选择汽车维修这个专业，陈锋主要是从两方面考虑。一是自己性格比较内向、腼腆，不太喜欢社交活动，平时在家喜欢动手维修家用电器，觉得汽车维修专业比较适合自己。二是随着人们生活水平的提高，汽车已经走进了千家万户，汽车普及率越高，社会需要的汽车维修工就越多，就业前景很好。

李玉出生在农村，初中毕业后她本想去打工，但老师、家长都劝她不要这么小年纪就去打工。于是，她找到了城里的一位亲戚，帮助她报读某高级技工学校的会计专业。李玉选择会计专业的原因主要是她性格比较内向，平时做事也比较有条理，习惯按既定的计划做事，而且她从小就梦想做一名会计师。

在技校读书，陈锋和李玉都可以选择到自己喜欢的专业，这为将来自己从事喜欢的工作打好基础，也为自己获得职业成功做好准备。

说一说：陈锋与李玉是怎样选择专业的？

想一想：你喜欢你的专业吗？你认为除了学好专业技能外，还应该学习什么？

六、小结

一个人要想获得相应的职位，就要有一定的职业能力，这样才能找到适合自己的工作并在职业道路上走得更远；要想取得职业成功，就需要不断学习和锻炼，增强职业能力，促进自己更快地走上职业成功之路。

七、练习

张亮在校表现

张亮初中毕业后与同学一起来到某技工学校，就读于市场营销专业。市场营销专业是张亮的同学帮他选择的，他对这个专业一点都不了解。

张亮性格内向，不喜欢与人打交道，与同学相处得也不好，经常会因为一些小事情与同学争吵。平时班级安排搞卫生，他经常逃避，跑到外面网吧去上网。

过了一个学期，张亮还是经常旷课、迟到。为此，班主任多次找他劝勉谈话，但他无动于衷。更糟糕的是，他第一次考证书没有通过，按照学校管理规定，经常旷课、操行不及格意味着不能毕业。

看样子，张亮有可能毕业不了。

问题：1. 张亮为什么有可能毕业不了？

2. 张亮应当怎样做？

第二章
树立正确就业观

学习第一章之后，同学们应该对自身的职业能力有了一个较明确的认识，同时也明白将来如何在职场上发挥个人的职业能力。如果你想成为一名成功的职业人，不仅需要充分发挥你的职业能力，还要建立正确的就业观。

就业观不是与生俱来的，而是需要后天不断培养出来的，就业观的形成要经过认识、实践、提高和总结的过程。

职业指导教程

一、什么是就业观

就业观实际上就是一个人选择职业的观念，是对于将要从事职业的观点和看法，是一个人的价值观、人生观、世界观在求职方面的具体体现。

（一）错误的就业观

错误的就业观是指求职者在就业前没有正确地评估自己，盲目就业。错误的就业观具体表现为以下几方面。

1. 欠缺吃苦耐劳精神。工作不能持久，拈轻怕重，斤斤计较。

2. 欠缺勤学好问精神。工作过程中缺乏勤学好问的精神。

3. 欠缺责任担当意识。没有责任担当意识，易接受消极思想。

4. 自控能力差。自控能力差主要表现：下班不注意休息，大部分时间用来上网、玩游戏、玩微信，以致上班无精打采，常常犯低级错误。

5. 好高骛远，眼高手低。急功近利，急于求成，不能正确处理现实与理想之间的差距。一味要求工作轻松、工资高、待遇好。

（二）正确的就业观

想要养成正确的就业观，首先要认真了解自己的综合素质、专业知识及技术技能水平，再根据这些自身条件去对照相应职业，看看自己干什么比较适合。正确的就业观具体表现为以下几方面。

1. 爱岗敬业精神。工作是个人生存的基本权利。无论从事何种职业，都应该做到爱岗敬业，竭尽全力，积极进取，尽自己最大的努力去追求进步。正所谓“三百六十行，行行出状元”，要努力做到“干一行，爱一行”。这不仅是工作原则，而且是人生原则。

2. 良好人际关系。良好的人际关系会成为人生中最珍贵的资产，而且会在必要的时候产生意想不到的巨大帮助。人际关系就像银行存款一样，不时少量存入，积少成多，有急需时便能派上用场。

3. 培养团队精神。在知识经济时代，竞争已不再是个体之间的斗争，而是团队与团队的竞争、组织与组织的竞争。许多困难的克服和挫折的平复，都不能仅凭一个人的勇敢和力量，而是要依靠团队的力量。

4. 自觉主动工作。不仅要充分了解本职工作的意义和目的，而且应该了解公司战略意图和领导的想法，了解作为一名组织成员应有的精神和态度，了解与其他同事在工作上的关系，并时刻注意环境变化，积极主动参与工作，不当一个木偶式的员工。

5. 建立工匠之心。要把自己所做的工作看成一件艺术品，精雕细琢，注重细节，追求完美。有了工匠精神，你的工作才是一件优秀的艺术品，才能经得起大家细心地观赏与品味。

6. 勇于承担责任。不管遭遇什么样的环境，都必须学会对自己的一切行为负责，不找任何借口。属于自己的事情就应当千方百计地把它做好。只要你还是企业里的一员，就应该投入自己的忠诚和责任心，将身心彻底融入企业，处处为自己所在的企业着想。

二、职业选择面临的挑战

职业选择是我们每个人不容逃避、必须面对的现实问题，也是大多数毕业生踏入社会要走的第一步。选择适合的职业是人生的重要步骤，它会改变你的人生。当然，适合的职业还需要你全力以赴，不懈的付出，积极奉献才会获得事业的成功。

人们选择就业往往是出于多种原因。有些人是为了兴趣爱好而工作，有些人是为了体现人生价值、奉献社会而工作，有些人仅是为了解决温饱

而工作。总而言之，不管出于何种原因就业，我们都要记住：没有一步登天、一劳永逸的职业岗位，就业时刻面临着不同挑战。

我们在选择职业时往往会面临两种挑战：一是先就业后择业；二是先择业后就业。

（一）先就业后择业

1. 先就业后择业的好处

（1）可以更快地找到工作。

（2）在工作岗位学习到新知识。

（3）能够更快赚钱，解决生活实际问题。

2. 先就业后择业的坏处

（1）不一定能从事自己喜欢或有兴趣的职业。

（2）所学知识一般不能马上运用。

（3）工资待遇一般比较低。

（二）先择业后就业

1. 先择业后就业的好处

（1）可以选择自己感兴趣的职业。

（2）工资待遇一般较高。

（3）所学知识马上得到运用。

2. 先择业后就业的坏处

（1）往往会因高不成、低不就而难以就业。

（2）过分强调专业对口，错过就业机会，失去经济收入。

（3）期望值过高，打击就业信心。

每个人在职业选择过程中都会遇到上述问题。刚毕业的学生在选择职业时要当机立断，客观评估自己的能力，建议先就业后择业，先求生存后谋发展，先蓝领后白领，不要犹豫不决，错过大好的就业机会。

（三）职业失败的主要原因

1. 好高骛远，梦想高待遇。有部分同学刚毕业就想月薪过万，对就业待遇期望过高，而且非高收入工作不干。

2. 怕苦怕累，没有吃苦耐劳精神。刚毕业的学生大多向往轻松自在的工作，怕苦怕累，而一些技术岗位恰好需要具有吃苦耐劳精神的员工。

3. 心浮气躁，沉不下心来学习。刚开始就业时，许多毕业生充满热情，但经过一段时间实习工作后，往往发现就业现实与理想有差距，于是心浮气躁，沉不下心来认真学习。

4. 盲目跟风，耐不住寂寞。往往一个班的同学会同时被安排到某单位就业，个别同学因为个人原因离开后，其他同学常常耐不住寂寞，总想着跟风离岗，或者在工作中稍不顺心就轻易辞职，这样长久下去往往会一事无成。

三、如何树立正确的就业观

就业择业是人生大事，选择职业就是选择未来。同学们只有树立正确的就业观，才能更好地指导学习和生活，为将来就业做好充分的准备。

（一）转变就业观

什么样的工作才适合自己呢？有的同学会说：“当然是工作轻松一点儿、工资多一点儿、下班早一点儿的单位最好了。”也有的同学会说：“工资不是我考虑的首要问题，我更希望找一个能够更好地发展自己的平台。”还有的同学会说：“我没有什么太高的要求，找个工作挣钱吃饭就行了。”其实上面这几种说法都不对，有的不大现实，有的较盲目，有的没有信心。怎样做才正确呢？

我们应该转变就业观，采取先就业、后择业的方式，即先在社会上立住脚，然后再进行就业选择。一个人要如何给自己定位，选择什么样的工作，是由多方面因素决定的，只满足了某一方面的要求是不够的。因此，同学们应该冷静下来，从美好的理想中回到现实，认真思考一下自己的社会定位是否合理，现实与理想的差距有多大。同时，对自己的就业定位要低姿态一些，目标也不要定得太高，转变就业观，做好从底层做起的思想准备，用正确的思维和心态面对毕业、就业，这样你就会迈出职业成功的第一步。

（二）认清就业形势

在即将毕业，进入找工作阶段时，同学们要做好从学校走向社会的准备，要完成从学生到职场人的转变，要一步一步地走向成熟，走向独立。首先要认清就业形势。就业是毕业生进入社会的必经之路，在庞大的就业队伍中谋求一份职业实属不易，我们要认清就业形势，调整好就业心态，快速找到就业岗位。其次要端正思想。毕业生是就业队伍中的“新兵”，要有吃苦耐劳和上进好学的精神，要以饱满的工作热情投入到新的工作环境中，开创美好未来。

（三）发挥就业优势

技工学校学生受过专业技术训练，是掌握一技之长的技术技能人才，在人才市场竞争中有技能优势。过去工作包分配，有了一张好文凭就前途无量。现在，随着社会多元化发展，社会对技术技能人才的需求越来越多，技工学校学生要充分发挥自身技能特长的就业优势。

（四）提高就业竞争力

所谓就业竞争力，它是一个人的行业认知、市场判断、智力、专业背景、文凭、情商、职业眼光、个性化经历、相关经验、综合素质、市场机遇的掌控力、就业思路、求职的实战技能、面试表现等因素共同作用的一种合力。提高就业竞争力可以从以下几方面着手。

一是知识水平。无论何种职业，都需要一定的相关知识。想要很好地完成职位要求的工作任务，就必须掌握生产活动中所涉及的相关知识。

二是技术能力。技术能力有别于知识，它是一种通过训练获得的，可以顺利完成某种工作任务的动作方式和动作系统。

三是个人特质。个人特质是一个人相对稳定的思考方式和情绪状态。要培养稳定的工作情绪，在不同的工作环境中都具备胜任工作的能力，在不同的工作情境中表现出卓越的工作能力。

四是动机水平。动机是在特定领域内，驱动、指导、选择个体行为的思想。动机水平的高低会直接影响工作绩效。

四、案例

陈锋和李玉的就业故事（二）——培养好的职业观

陈锋就读于某高级技工学校汽车维修专业，入学第一天，他就暗下决心：一定要在新的学校取得好成绩！他认为：两年的技校生活或许是他人生最后在校求学的时光了，要倍加珍惜，学好技术，将来做一名出色的技术能手，为实现自己的人生梦想而奋斗。于是，一个学期下来，汽修实训室经常看到陈锋的身影。平时，他认真听课，上课从不迟到；节假日，许多同学放假回家，他却常常把自己关在实训室里不断实操演练。他看到一些同学上课不认真，经常迟到，好像是在混日子拿文凭，他就经常好言相劝。两个学期过去了，陈锋在校勤学苦练，学习自觉，成绩优异，多次参加学校技能竞赛并获得奖项，成为老师的“爱徒”，同学们的“好师兄”。

李玉来到学校一个学期后，她发觉技校的生活与中学有很大区别。学校社团活动丰富多彩，经常有演讲此赛、篮球比赛、歌唱比赛等，还有许许多多的讲座。李玉自小性格内向，胆小怕事，不敢与人沟通，她觉得丰富多彩的技校生活是锻炼自己的好机会。于是，她毅然加入学校志愿者协会，从做一名甘于奉献的

志愿者开始。每次学校志愿者协会组织活动，她都积极主动参加，不怕苦、不怕累，与同学们一起团结合作，把每一项义工活动都做精、做细。经过两个学期的锻炼，李玉不仅变得性格开朗，做事积极主动，而且还多次获得市优秀志愿者称号，并因表现突出被推选为学校志愿者协会副会长。

说一说：陈锋与李玉在校表现如何？

想一想：你应该有什么行动呢？

五、小结

思想决定行动。当你已经具备一定的职业能力时，接下来需要的是拥有正确的就业观。如果没有正确的职业态度来指导行为，那么再强的职业能力也无法得到发挥。正确的职业观念可以让我们在职业工作中找到正确的职业方向，帮助我们认清就业形势、转变就业观和提高就业竞争力。

六、练习

小兰与小雪

小兰与小雪是初中同学，也是好姐妹。初中毕业后，在班主任陈老师的推荐下，两人一起报读某高级技工学校幼师专业。来到新的学校，小兰学习非常用功、勤奋，专业课表现出色。一个学期下来，小兰因表现出色被选为班长。小雪则认为，读技校不必太认真，只要能拿到文凭就好了。于是，她经常迟到、旷课，还常常在上专业课时偷偷玩手机。为此，小兰多次好言相劝，但小雪认为她多管闲事，两个人的关系渐渐疏远。一次，学校组织文艺汇演，要在班里选拔骨干学生参加演出，小雪很想参加，但小兰作为班长推荐了班里平时成绩优秀的同学参加。小雪落选后，闷闷不乐。从此，两人的关系更加生疏。

问题：1. 小兰与小雪两个人，哪个有错？

2. 哪位同学的思想观念正确？

第三章
培养职业兴趣和责任感

通过前两章的学习，相信同学们对职业已经有了一定认识，也有了正确的就业态度，并做好了就业准备。现在，同学们需要学习如何更好地培养个人的职业兴趣和职业责任。职业兴趣与职业责任都需要自我认知、自我改变和自我培养。

一、什么是兴趣

兴趣是个人力求认识、探究某种活动的心理倾向，它以特定的事物、人或活动为对象，并常常伴随着积极的情绪。

许多人刚开始工作时，并不具备职业要求的某种兴趣。其实，兴趣是可以培养的，你应该在工作中努力培养兴趣。

二、职业兴趣的发展阶段

职业兴趣不是天生的，是人们在学校、家庭和社会的影响下，通过对职业的接触、了解、认识逐步形成的。它的形成与人们所处的社会环境、实践活动和对自身能力的认识有着密切的关系。职业兴趣的形成和发展是一个从简单到复杂、从模糊到明确、从不完善到完善的过程，它经历了有趣、乐趣、志趣三个阶段。

（一）有趣

有趣是职业兴趣的初级阶段，是由于一时新奇，被表面现象所吸引而产生的兴趣。这种兴趣是短暂、直观、盲目的。

（二）乐趣

乐趣是在有趣的基础上发展起来的兴趣。人们对某一职业领域有了较深入的了解或在职业活动中取得了一定成绩后，有趣会进一步发展为乐趣。

（三）志趣

志趣是由乐趣经过实践的锻炼发展而成的。它是职业兴趣的高级阶段，与人的崇高理想和坚强的意志相联系，对人们工作、学习有巨大的推动作用。

记住：兴趣是最好的老师。

职业兴趣的养成，是人们走上成功职业道路的开始。

1. 兴趣能够让你积极主动地工作。

2. 兴趣能够激活思维，让你为工作攻坚克难。

3. 兴趣让你工作不觉厌倦，产生动力。

4. 兴趣让你勇于探索新的工作领域，开拓创新。

三、培养职业兴趣

（一）首先，要认可你从事的工作具有社会价值

职业只有分工不同，不分贵贱。因此，要有正确的就业态度，增强职业荣誉感，让自己爱上属于你的职业。

（二）其次，要善于学习，体验职业带来的快乐

人们不是天生具备丰富的知识、才干和经验的，从事每一类职业都需要不断地学习与提高。只有通过不断学习积累，融会贯通，人们才更能体会到职业带来的快乐。现实生活中，许多人都是经过了一段时间的实践、认知，才慢慢地喜欢上自己的职业。

（三）最后，要勤于钻研，提高职业兴趣

所谓“干一行、爱一行、专一行”，要在职业岗位上勤于思考，勤于钻研，专注地把工作做好。专注工作会取得意想不到的收获，会获得职业成就感，从而提高职业兴趣。

职业兴趣培养的前提是要有责任心，只有具备高度的责任心，才能经受住职业考验和职业锻炼，从而更好地把

个人的潜力、兴趣、才能发掘出来。

四、什么是责任

（一）责任是对所承担的社会角色负责

在这个世界上，每个人都扮演着不同的角色，每一种角色都承担着不同的责任。从某种程度上说，角色扮演的最大成功就是负责任地完成角色。无论一个人担任何种职务，做什么样的工作，他都对别人负有责任，这是社会法则，也是道德法则，还是心灵法则。一个成功的职业人往往视责任为使命，对自己的工作，对自己所承担的社会角色负责到底，哪怕身处的岗位微不足道，从事的工作与自己的志趣毫不相关，只要在岗、在职，他都会集中精力把自己的工作做到最好。

（二）责任是永恒的职业精神

责任的一个突出特点就是它的客观存在性，不会依照个人的意愿而更改。例如，如果选择了医生这个职业，那么救死扶伤就是你的责任；如果选择了警察这个职业，那么除暴安良就是你的责任。对于组织而言，只有每个人的责任汇聚为整个团队的价值，这个组织才能持续发展、持续进步，才会真正具备核心竞争力。对于个体而言，只有每个人选择责任、承担责任、坚守责任，才具有内控力，才可能成为强者。责任可以说是一种能力，又远胜于能力；责任同样是一种品格，更是一种永恒的职业精神。

五、学会承担责任

（一）认清自己的责任

人们只有认清自己的责任，才知道如何承担责任；只有认清自己的责任，才知道自己究竟能不能承担责任。当然，并不是要求每个人承担所有的责任。对于个人来说，你只要承担你该承担的那部分责任就行。这就是社会为什么要分工，企业、单位要针对不同岗位制定不同职责的原因。在一个企业里工作，首先你应该清楚你有什么工作任务，你该做些什么。只有做好自己分内工作，你才有可能再做一些别的工作。相反，一个连自己本职工作都做不好的人，怎么能让他承担更重要的责任呢？总有一些人认为，别人能做的自己也能做。事实上，这些人往往什么也做不好。因此，做好本职工作是你首要担当的责任。

（二）责任面前没有借口

工作中，一旦没有达到预期目标，找借口不仅于事无补，反而会分散精力、浪费时间，养成推脱责任、散漫慵懒的工作作风。但凡成功的人，都是敢于承担责任、从来不找任何借口的人。

很多人在工作中会为逃避责任而寻找借口，更有甚者在出现问题时，首先考虑的不是自身的原因，而是把问题归咎于外界或者他人。“是别人错了，与我无关”“是客户太挑剔，不然早就成交了”“要怪管理层没有布置清楚”，其实，在大多数企业领导看来，这些都是无理的借口。

这些借口并不能掩盖已经出现的问题，这些理由不会减轻你所要承担的责任，更不会让你把责任推掉，反而更凸显你的无能和推卸责任的行为。可以说，借口是阻碍员工进步最大的“绊脚石”。吃亏是福。面对任务，只有那些不找任何借口，一心想办法解决问题的员工才能得到领导的赏识，从而使自己在公司中占有一席之地，甚至上升到更高的职位被委以重任。

（三）额外多做一点点，让你的承担更有价值

许多人总是有意或无意地衡量自己的付出和所得是否成正比。他们认为将自己的本职工作做好了，就是一个尽职尽责的好员工，而对于自己职责以外的一些工作，不但不主动去做，反而总想找借口去推脱。

其实，当我们拒绝做一些非职责内的工作时，完全是在缩小自己的职业发展空间。要知道，也许你的机会就在那些分外的工作上，额外多做一点点，能够让你的承担更有价值！对一个员工来说，分内的工作让你保住饭碗，而分外的工作让你变得出类拔萃。一个员工，只有变优秀了，才有体现价值的资本，才能更好地成就自己的梦想。公司时刻在成长，个人的职责范围也随之扩大。不要总是以“这不是我分内的工作”为由来逃避责任。当额外的工作分配到你头上时，要好

好珍惜、好好把握，并将之视为一次难得的机遇。

六、案例

陈锋和李玉的就业故事（三）——培养专业兴趣

陈锋一开始选择汽车维修专业，他的目标是当一名出色的高级汽车维修工。几周后，他发觉原来学习汽车维修是件苦差事，有时在实训室听老师讲解某个汽修部件要站好几个小时；有时还要蹲几个小时来做检修，几个小时下来，腰酸背疼。同时，汽车维修要常年与机油打交道，他的双手、衣服上都常常沾满油渍。刚开始他很不习惯，但老师常说："只要功夫深，铁杵磨成针，任何一项技能要取得成就都需要付出加倍的努力！"于是，他默默给自己打气，不断培养自己的专业兴趣。一个学期下来，他不仅练就了站功，而且喜欢上机油的味道，常常在实训车间一站就是一天，如饥似渴地学习技术技能，为考证书做足准备。

就读于会计专业后，李玉想不到学会计原来如此枯燥无味，整天面对的都是一串串数字。有时她内心很焦虑，怕自己基础太差学不会，但老师总是耐心地为同学们讲解，不断组织实操训练。一个学期后，李玉发现自己慢慢地爱上账面里一串串数字，甚至常常沉迷于此，享受着做账时静静的美好时光！

说一说：你对本专业的认识。

七、小结

（一）兴趣是最好的老师

职业兴趣需要不断培养，培养职业兴趣能让你更快地爱上自己的工作，让你在工作中寻找到乐趣。培养好的职业兴趣，你要认可你所从事职业的社会价值，同时你还要不断思考、认真钻研，在工作上精益求精，注重细节，把工作做到极致，做工作由被动转变为主动。

（二）工作责任是促进形成职业兴趣的关键

职业兴趣的形成是一个长期的发展过程，在这个过程更需要具备高度的责任心。只有这样，才能经历职业考验、职业锻炼过程，从而更好地把个人深层的工作潜力和职业兴趣发掘出来。

八、练习

小刘的困惑

小刘与小张初中时是非常好的同学。初中毕业后，两人一起报读一所老牌技工学校的广告设计与制作专业。刚开始，小张对这个专业不太感兴趣，认为学习很枯燥无味，想要转专业。老师几次找他谈话，加上他对想转读的专业也信心不足，于是，他听从老师建议，继续就读本专业。学习中，他从基础学起，从简单入手，遇到不懂的问题就向老师、同学请教。渐渐地，他掌握的专业知识越来越多，慢慢对专业产生兴趣。毕业后，他因成绩优异被学校推荐到本市一所知名广告公司从事设计工作。工作中，他认真勤恳、积极主动，公司安排的每一项工作，他都以高度的责任心去完成，并且在工作中任劳任怨，深受客户、同事赞赏。短短几年间，他就成为公司“金牌”设计师，成为公司年轻主管。

小刘一直比较喜欢广告设计与制作专业，专业知识也学得不错，毕业后经亲戚介绍到省城知名广告公司上班。小刘的公司主要是为企业提供广告宣传或杂志宣传。入职后不久，小刘有个业务谈得很不顺利，他来来回回向某企业提交了5份广告设计方案，客户都不满意。由于该客户是一个小公司，广告投入的费用不是很高，且有太多的要求，小刘很不耐烦。于是，他向经理汇报，准备放弃这个客户。经理看了下小刘的方案计划书，发现几份计划书基本上大同小异，只有零星几句标语有改动。经理问小刘，是否与客户进行过详细交流。小刘说，因为要跟其他客户谈业务，所以没有时间。经理又问小刘，是否对该公司在广告宣传中想突出的产品特点需求进行过调研。小刘说，这类企业的产品特点需求基本上没有差别，所以没有调研。经理火儿了，对小刘说：“你这是对工作负责的态度吗？没有经过调研，没有和客户交流就提交计划书，让你改计划书你就敷衍了事。如果我是客户，我也不接受。”小刘嘟囔着说：“不是我的责任，主要是客户太挑剔了。就那么点儿钱，还要这要那的，差不多就可以了。没碰到过这么难缠的客户！”

小刘真的很困惑！

问题：1. 小张与小刘哪一个算是成功的职业人？为什么？

2. 小刘为什么困惑？他应该怎么办？

第四章
增强职业素养

通过前三章的学习，同学们已经学会如何评价自身职业能力，建立正确的就业观，培养自己的职业兴趣和责任心。这一章，你将了解什么是职业素养。职业素养决定一个人的职业成败，养成好的职业素养不仅有助于个人更快走上职业成功之路，更重要的是让你的人生更有意义，让你更受人尊重。

一、职业素养的内涵

职业素养是职业内在的规范和要求，是员工在任职过程中表现出来的综合素质，是职场成功的关键。一般来说，职业素养高的人在职业发展过程中获得成功的机会多，更易于取得成就。

职业的成败取决于个人。在从事某职业之前，人们应该分析、评价一下自己，看看自己是否具有良好的职业素养。良好的职业素养是个人获得职业发展最坚实、最稳固的基础。

许多职业人取得成功，并不是因为他们特别走运，而是因为他们努力工作，并具有良好的职业素养和能力。职业素养具体特征有以下 4 点。

（一）稳定性

一个人的职业素养是在长期从业实践中日积月累形成的，一旦形成，便具有相对稳定性。例如，全国劳动模范许振超在数十年的门机操作过程中练就了“一钩准”“一钩净”和“无声响操作”等绝活儿，形成了精技术、高效率的职业素养，并保持相对稳定性，在工作中不断创造新的成绩，从一名只有初中文化的普通工人成长为著名的桥吊专家。

（二）内在性

员工在长期的职业活动中，经过学习、认识和亲身体验，知道怎样做是对的，怎样做是不对的。这种有意识地内化、积淀和升华体现了职业素养的内在性。

（三）整体性

员工的职业素养与其整体素质有关。职业素养是劳动者在一定的生理和心理条件基础上，通过教育、劳动实践和自我修养等途径形成和发展起来，在职业活动中发挥作用的一种基本品质，包括思想政治素质、职业道德素质、科学文化素质、专业技能素质和身体心理素质等。说某人职业素养好，不仅指他的思想政治素质和职业道德素质好，而且包括他的科学文化素质、专业技能素质和身体心理素质好，这体现的就是职业素养的整体性。

（四）发展性

职业素养是逐步形成的。社会在不断发展的同时，不断对人们提出新的要求，人们为了更好地适应、满足、促进社会发展的需要，总是不断提高自己的职业素养。这体现了职业素养的发展性。

二、员工应具备的职业素养

美国心理学家大卫·麦克利兰于1973年提出了著名的“冰山模型”。职业素养就像水中漂浮的一座冰山，浮在水面的是资质、知识、技能等显性素养，仅占冰山体积的1/8，这些显性素养可以通过各种学历证书、职业证书来证明，或者通过专业考试来验证；而潜在水面之下的部分称为隐性素养，包括职业道德、职业意识和职业理想等。显性素养和隐性素养构成了职业人所具备的全部职业素养。其实，隐性素养从更深层面影响着职业的发展。一名成功的职业人不仅要具备良好的显性素养，更要具备优秀的隐性素养。

根据“冰山模型”，综合其他职业素养理论和员工胜任力理论，以及实际生产中企业的要求，我们认为，员工应该具备的职业素养涉及6个方面。

（一）显性职业素养

1. 职业形象。职业形象是指得体的个人形象、专业的商务形象等。

2. 职业能力。职业能力是指高效的执行力（有方法、有效率、有结果）、高效的沟通能力（会倾听、会表达、会提问、会说服、会反馈）、高效的创新力（创新思维、创新能力）等。

3. 职业习惯。职业习惯是指端正的态度、最大化的主观能动性、积极进取的心态等。

（二）隐性职业素养

1. 职业道德。职业道德是指在职业发展过程中应当恪守的基本准则，包括敬业（爱岗敬业、热情奉献）、诚信（内诚于心、外信于人）、忠诚（忠于企业、忠于团队、忠于客户）等。

2. 职业意识。职业意识是指制约职业人思考能力的思维，包括责任意识（有责任心、不找借口、重视结果）、团队意识（学会融入、善于合作、统一价值观、化解冲突、共同成长）、规矩意识（讲规矩、能自律）等。

3. 职业理想。职业理想是指勾勒个人职业生涯发展的蓝图，包括完善自我（自我认知、职业规划）和服务社会（服务好企业、服务好客户）等。

其实，工作所需的职业能力是可以通过学习获得的，而员工的职业道德、职业意识等从更深层面影响着企业的发展。任何企业的生存与发展，都离不开一批具有高度责任感、有共同理想、可以共同行动和互相支持的员工。

三、职业素养的重要性

（一）良好的职业素养是做出工作成绩的必要条件

想要在事业上取得成功，就必须树立正确的职业理想和职业价值观，具有忠于职守、献身事业的敬业精神，具有实事求是、严肃认真的劳动态度，具有刻苦钻研、精益求精的工作作风，具有团结协作和全心全意为人民服务的精神。

（二）良好的职业素养是处理好人际关系的重要因素

良好的职业素养也是处理好各种人际关系所不可缺少的因素。比如，一个待人热情友好、乐于助人的人能得到同事的好感，一个具有强烈事业心和责任感的人能得到领导的赏识，一个谦虚好学、踏实肯干的人能得到领导的赞扬。但很难想象，一个不讲奉献、自私自利、贪图安逸的人会得到领导、同事的好评与信任。

请记住：良好的职业素养是你获得职业发展的基石，是通向理想彼岸的通行证。

四、案例

陈锋和李玉的就业故事（四）——培养职业素养

陈锋在汽车维修专业学习两个学期后，他越来越明白自己要做什么，越来越清晰自己的人生目标与方向，特别是学校经常介绍一些已经毕业的师哥、师姐的成功事迹，让他更加坚信自己的选择是正确的。他为自己确立了一个目标——要做一名德才兼备的高技能人才。于是，他一边努力学好专业技术，一边不断自我锻炼。在学校每周三的劳动技能课上，他主动组织同学为班级、宿舍和学校公共区域打扫卫生。因为陈锋的出色表现，他被选为班长。担任班长后，他常常与班主任主动沟通，常常与其他班干部一起同心协力组织班级活动，特别是学校布置到班级的各项任务，他积极动员全班同学认真配合，每次都出色完成任务，多次受到学校的表扬。

李玉来到技校后，她积极参加社团活动，虚心向老师请教，向表现优秀的师哥、师姐学习，努力提高自己的综合能力。该校推行传统文化教育，她积极践行《弟子规》，特别是当选为学校志愿者协会副会长后，她以身作则，严格要求自己，每次组织志愿者协会活动她都认真做好细致安排。她认为奉献爱心是一件让人觉得快乐的事情。两个学期后，她觉得自己看问题的眼光与以前大不相同，她非常珍惜在学校学习的美好时光。

说一说：陈锋与李玉是怎样增强职业素养的？

想一想：你应该有什么行动呢？

五、小结

职业的成败取决于自己。良好的职业素养是个人获得职业发展最坚实、最稳固的基础，是做出成绩的必要条件，也是处理好人际关系的重要因素。

六、练习

参加社会实践活动

某高级技工学校在寒假组织学生参加社会实践活动。这次的社会实践单位是某汽车配件有限公司，有50名学生参加，男女各25人。

在本次社会实践中，涌现了不少先进事例。例如，19汽修高级班的邹同学，为人谦虚有礼，非常尊敬领导、师傅和其他员工，工作积极肯干，努力学习，不断提高岗位技能，在岗位竞赛中获得了第一名，赢得了奖金，为学校争了光。18机电高级班的姚同学、陈同学，19数控班的潘同学等也都表现很好，平时协助老师管理宿舍，管理同学，有事及时向老师反映，在岗位工作中受到表扬。

在这次社会实践中，绝大部分同学的表现令人满意，但也有少部分表现不佳的同学。例如，18机电班的女同学周某，虽然平时日常工作正常，但临近社会实践活动结束的几天，她经常外出，甚至深夜不归。同时，她平时脾气暴躁，人际关系较差，同宿舍的同学好心相劝，她不仅听不进去，而且破口大骂。老师多次找她谈话，但她屡教不改。有一次，她夜不归宿，第二天也没有上班，直到下午3：30左右才回厂。她的行为严重违反纪律，被评为本次实践活动表现最差的学生。

问题：1. 案例中哪些同学表现优秀？哪些同学表现较差？为什么？

2. 说一说你的同桌，他（她）最优秀的地方是什么。说一说你存在的缺点。

3. 你想做一名有职业素养的人吗？谈谈你的想法。

第五章
职业生涯规划

经过前几章的学习，相信同学们对职业能力、职业兴趣和职业素养有了很好的了解。现在，同学们需要学习职业生涯规划的相关知识，职业生涯规划可以让你更好地把握职业人生。

一个成功的职业人，离不开完善的职业生涯规划。职业生涯规划要有针对性、可行性。

一、职业生涯规划概述

毕业意味着职业生涯的开始。在临近毕业之时，毕业生当务之急是沉下心来想一想个人的职业未来，设计适合个人发展的职业生涯规划，并制定具体可行的步骤和措施。完善的职业生涯规划更有助于个人走上职业成功之路。

（一）职业生涯

职业生涯是指一个人一生的职业经历，即一个人一生中职业、职位的变迁及职业理想的实践过程。

1. 有些人一生只从事一个职业。

2. 有些人一生从事多种岗位和行业。

总之，职业生涯包括职业维持与变更、职务升迁、职位变动等。

（二）职业生涯阶段

1. 职业成长阶段（5~15 岁）（萌芽期）。该阶段是个人对职业的幻想时期。这一阶段，个人对职业逐渐产生兴趣并初步选择职业，接受基本的职业教育，同时发展自己的价值观、职业动机和抱负。

2. 职业探索阶段（15~25 岁）（探索期）。该阶段个人开始探索各种可能性和机遇，具有远大理想和发展目标。该阶段的主要目的是选择自己喜欢的职业，做好职业发展准备工作，并逐步积累工作经验。

3. 职业确立阶段（25~45 岁）（成熟期）。该阶段是一个人工作生命周期的核心时期，工作阅历和工作经验逐渐丰富，能力不断得到提高和完善。个人在主观上要求自己努力，保证工作稳定，但在 35 岁左右会出现一段危机时期，需要重新评估自己的职业生涯规划。

4. 职业维持阶段（45~65 岁）（黄金期）。该阶段个人非常注重自己的权威性，希望通过自己的努力得到单位同事的认可与尊敬，形成稳定的交际圈，保持竞争力，并努力保住自己的工作岗位。

5. 职业衰退阶段（65 岁以后）（衰老期）。该阶段个人逐渐淡泊名利，心理上开始产生退休意愿，希望功德圆满地享受个人成就与家庭生活。

记住：职业生涯既包括对未来职业发展的预期，也包括对过去从业经验的总结。

（三）职业生涯规划

职业生涯规划是指对个人职业选择的主观和客观因素进行分析和测定，确定个人的奋斗目标并努力实现这一目标的过程。

1. 职业生涯规划也是个人对职业前途的展望与预测。

2. 制定科学、合理的职业生涯规划是实现职业理想的必要条件。

记住：职业生涯规划需要根据自身的兴趣、能力、特点进行综合分析与权衡，确定职业奋斗目标，并为实现这一目标做出行之有效的计划与安排。

二、职业生涯规划的用处

科学、合理、切合实际的职业生涯规划对个人的职业发展具有极大的用处。

（一）重新定位自己、认识自我

重新认识自己的兴趣、性格、能力、气质、潜力、素质、技能、品质、心理等。

（二）分析自己的优势与劣势

分析自己各方面的优势与劣势，如学业、自身条件、职业经验、性格、气质、交际能力、沟通能力、表达能力、合作能力及社会背景等。

（三）明确职业目标和方向

正确评估个人目前状况与既定职业目标之间的差距以及存在的问题。

（四）发掘职业新能力

拓展新的发展空间或机会，逐步实现人生职业目标和理想。

记住：科学、合理的职业生涯规划能够帮助你充分认识自己，使你得以发挥自己的专长和潜力，还能帮助你克服职业生涯发展中遇到的困难，在你迷茫、苦闷、急躁时帮助你坚定信心，助你更快走上成功之路。

三、制定职业生涯规划的原则

制定职业生涯规划需要遵循四大原则。

（一）量体裁衣原则

由于不同个体的内外在条件有很大差异，因此每个人的发展潜力无疑也会有很大不同。个体在制定职业生涯规划时要结合自身实际，不要一味企求“高大上”，适合自己的职业生涯规划才是最好的。

（二）可操作性原则

可操作性原则主要包括规划目标的现实性、计划的可行性和效果的可检查性三个方面。个体要根据自己的能力、兴趣、气质、性格和专业技能优势等进行规划，避免好高骛远和相互攀比。

（三）阶段性原则

职业生涯规划要在现实与最终目标之间设定多个阶段性目标，先易后难，逐步实现最终目标。

（四）发展性原则

职业生涯规划不能局限于当前的发展，要考虑到未来的职业发展，要有超前性和预测性，要以超前的眼光进行职业生涯规划。

记住：职业生涯规划需要从自己的实际情况和需求出发，要根据不同的年龄特征，制定具体可行的发展规划。同时，要兼顾近期目标与未来发展目标。

四、制定职业生涯规划的常见误区

对职业生涯规划的制定要有正确认识，避免进入常见误区。

（一）规划目标好高骛远

制定的职业生涯发展目标偏高，主观成分过大，空想成分多，没有将自身条件与社会环境综合起来进行科学、合理及客观的评价。

（二）自我分析不够客观

自我评估是职业生涯规划的一个重要环节，是科学地进行职业生涯规划的前提，它对职业环境分析、职业目标确立和职业生涯策略制定等有着非常重要的意义。实际上，许多人做职业生涯规划时往往自我分析不足，未能全面、客观、准确地评价自我，导致在确定职业目标时，盲目自信或妄自菲薄。

（三）规划实践急功近利

许多人在制定职业生涯规划时缺乏统筹规划思想，他们往往过于注重自我感觉，忽视社会的实际需求和人生的发展规律，导致在知识结构和能力结构的构建上不注意整体性和协调性，甚至有部分学生盲目从众，急于求成，不考虑自身的实际情况。

（四）职业环境分析薄弱

认识职业环境非常重要。每个人只有适应职业环境的需要，趋利避害，最大限度地发挥个人优势，才能更好地实现个人目标。但在校学生由于普遍缺乏对外部职业环境的了解，导致其制定职业生涯规划时，往往忽视职业环境分析这个关键环节，或是没有针对性地进行调研分析。

五、制定职业生涯规划的步骤

（一）自我评估

自我评估主要是分析与个人有关的因素，如职业兴趣、性格、职业技能、特长、学业成绩、思维方式、价值观、智商、情商、体商、财商、潜能、沟通能力、合作能力、毅力、应变能力等。想要准确评估自己想要做什么、自己能否做好，就要使自己与职业角色“对话”，并征询他人的意见，客观地对自己做出评价。

（二）外部环境分析

外部环境分析包括对社会政治环境、经济环境和工作环境的分析。通过分析了解自己对外部环境的适应能力，分析自己的不足之处和有利条件，看能否通过自我调整，适应外部环境的需要。

（三）职业目标选择

在自我评估和外部环境分析之后，就可以确定个人感兴趣的职业目标了。明确目标是制定职业生涯规划的关键，有效的职业生涯规划需要切实可行的职业目标。一旦职业目标确定了，我们就要根据个人条件及外部环境，制定个人职业生涯规划方案。职业生涯规划方案包括近期目标、中期目标、长期目标及人生目标，此外，还应包括发展路线、培训方案、实施步骤等内容。

（四）方案实施

确定职业生涯规划方案后，就要脚踏实地去实施。

（五）评估与反馈

俗话说“计划赶不上变化”。职业生涯规划方案确定后，并非不可改变，应当随着实施过程中遇到的问题和环境变化，适当做出调整，修正偏差，保证自己的职业生涯朝着既定的目标顺利地发展下去。因此，评估与反馈是个人对职业生涯规划再次提高认识的过程，它使职业生涯规划更加成熟、完善与可行。

六、职业生涯规划书

职业生涯规划该如何完成，可以参考下面这篇职业生涯规划书范文。

职业生涯规划书范文

（一）职业兴趣

平面设计师。

（二）个人特质

我的个人特质是好奇心特别强，接受新事物快，喜欢打破常规。这些特质对于设计新事物有着很大的帮助。因此，我认为自己非常适合平面设计师这个职业，而且一定能胜任。我的性格比较温和，为人低调，有责任心，有公德心，与周围的人相处非常融洽。

（三）职业价值观

我希望进入一家广告公司当一名平面设计师，待能力得到一定提升后，再一步一步往高处走，继而创业。

（四）胜任能力

1. 个人优势

（1）性格外向、温和，人缘好，待人处世成熟，责任心强，有耐心。

（2）兴趣广泛，接受新事物极快，写作能力甚强（曾在全国作文大赛中获得奖项）。

（3）专业基础扎实，知识涉猎广泛。

2. 个人劣势

缺乏实际工作经验和社会经验。

（五）职业认知

1. 家庭环境分析

我出生在深圳，父母是普通市民，家庭经济条件不太好，自知人生需要自己努力拼搏。所以我从小独立意识就非常强，从初中开始就学会利用暑假、寒假找临时工作。

2. 社会环境分析

现在经济不景气，许多大学生毕业后找不到工作。在深圳这个人口众多的城市，找工作更是难上加难。所以，作为一名技校生，我意识到未来就业环境竞争激烈，理想目标不能好高骛远，要不断提高自身综合能力，强化技术能力和社会适应能力。

3. 职业环境分析

（1）行业分析。我认为社会对广告的需求量越来越大。从市场层面看，广告是众商家推销产品的主要途径；从企业层面看，广告是各个企业相互竞争的重要武器；从消费层面看，广告引导消费，刺激消费。

由此看来，广告起到了促进国家经济发展的作用。在我看来，广告设计这个行业永远是前途无量的，人们需要它并依赖它，生活中不可能缺少它。我选择广告设计这个行业是经过深思熟虑的，相信它能帮助我在社会上立足并取得职业成功。

（2）职业分析。平面设计师这个职业，工作氛围轻松，工作环境舒适，待遇较好，有一定的发展空间。但是，当前社会上的设计师已经足够多了，若要寻找设计师工作岗位，可能会比较难。这就需要我更全面地发展自己，提高技能水平，并拥有更加突出的特点。

（3）地域分析。深圳是经济特区，是个经济发达的城市，毗邻港澳，交通便利，工业、商业发达，未来发展趋势向好。

（六）计划内容

1. 2020年至2023年短期计划（学习计划）

毕业时要拿到所有证书。一、二年级要完成学校规定的所有学习计划，三年级开始实习。

一年级：学习基本的美术与计算机知识。

二年级：参加计算机等级考试与英语等级考试。

三年级：进入社会实践，参加平面设计比赛，为毕业后的实习做准备。

2. 2024年至2028年中期计划（工作五年计划）

顺利毕业，找到工作，以积累社会经验为主，同时储蓄资金，为创业做准备。

前两年主要是强化学习，打好基础；后三年在外经历，磨炼自己的意志、能力，增加社会经验。

3. 2029年至2038年长期计划（创业）

工作表现优秀，积累人脉，继而创业，创办自己的广告公司或工作室。

首先在广告公司积累人脉，担任管理级别的职位，再寻找投资者或合伙人共同开办公司创业，一步步扩大公司规模。

（七）评估调整

计划赶不上变化。职业规划仅是一时的计划，我会根据外部因素和个人因素的变化不断对其进行调整，或是一点点将其完善，确保我最终能迈向成功。

我的计划是先从小公司做起，积累社会经验，丰富自己的知识，再向大公司求职。无论生活变化有多大，都阻止不了我前进的步伐，我会坚定选择平面设计师这个职业，相信凭着我对设计的热爱，我可以不断展现自我，走上阳光大道。

我会严格按照职业生涯规划书执行计划，并且每半年评估一次自己是否实现了当初的计划。在评估自己的同时，我可能会发现自己有缺点需要改进，或是需要将职业生涯规划书做进一步的调整，增加新想法，使自己的职业发展更为顺畅。

七、案例

陈锋和李玉的就业故事（五）——职业生涯规划

陈锋从某高级技工学校汽车维修专业毕业后，到某知名汽车维修公司上班。到新单位上班前，陈锋在老师帮助下，结合自己的兴趣、性格、素质、技能、职业目标和发展方向制定了职业生涯规划。职业生涯规划的制定，让陈锋充分认识了自己，明白了自己的职业发展方向。在职业生涯规划中，陈锋为自己制定的目标是在三年内考取助理技师证书，成为公司技术骨干人员。为实现自己定下的职业目标，陈锋到新的工作单位后，全身心投入到工作中，沉下心来学习新技术、新技能，并不断克服工作中的种种困难。三年后，陈锋不仅考取了助理技

师证书，而且在参加的某市第三届汽车维修工（高级）职业技能竞赛活动中，表现突出，成绩优异，勇夺第三名，受到了通报表彰奖励。现在，陈锋成为公司最年轻的技术骨干，并担任公司技术维修部门主任，年薪二十多万元。

李玉毕业后，她根据自身的兴趣、条件、爱好和能力为自己设计职业生涯规划。她清楚会计专业一时间不好找到对口专业的工作，因为许多单位招会计都是需要熟手的。于是，她选择先就业后择业，她要在新的岗位上不断积累经验，争取实现更加远大的理想与目标。

毕业后，她在某市农资公司的乡镇销售部当一名销售员，她的第一个目标是五年内当一名销售经理。一名小小的销售经理，或许在某些人的眼里不值一提，但李玉却把它当作职业生涯规划里的重要目标。

工作五年来，争取当一名出色的销售经理这个目标为她带来了动力，使她做起事来有目的、有方向，不会迷失自己，遇到困难挫折，她从不感到迷茫。为了实现这个目标，她觉得自己有无穷的力量，工作起来快乐无比。由于李玉非常努力工作，她不仅得到了同事、客户的高度评价，而且销售业绩年年增长。参加工作第四年，李玉所在的农资公司由于业务发展需要，要在外省拓展市场，公司决定高薪聘请一名既有销售经验又懂会计业务的经理。李玉抓住了这个机会，积极去应聘。现在，李玉不仅成为该公司驻外省的市场部经理，年薪数十万元，而且兼任公司财务经理助理，成为公司重要的培养对象。

说一说：陈锋与李玉是如何做好职业生涯规划的？

想一想：你的职业生涯规划是什么？

八、小结

科学、合理的职业生涯规划能够帮助你充分认识自己，发挥自己的专长和潜力，帮助你克服职业生涯发展中的困难、迷茫、苦闷、急躁等问题，有助于你更快走上成功之路。

制定职业生涯规划需要从自己的实际情况和需求出发，要根据不同的年龄特征，制定具体可行的发展规划。同时，还要兼顾近期目标与未来发展目标之间的关系。

要相信：有规划才会有更美好的明天。

九、练习

张辉与陈军的就业故事

张辉与陈军是初中同学，中学毕业后，两人一起报读某市高级技工学校机电一体化专业，再次成为同班同学的两人关系非常好。

来到新学校，张辉暗下决心，默默地自我规划，想要在技校学习的三年时间里学到新技能，将来通过技能改变命运，争做一名高技能技术人员。于是，他在校期间表现优秀，考取了中级电工证和制冷证。陈军来到新学校后，他没有目标，没有规划，随遇而安，平时按时上下课，在校期间只考取了中级电工证。

毕业后，广州某集团来学校招收技术人员。在学校老师的推荐下，两人一起被招到该集团工作，同时被招收的还有50多位同学。来到新的工作单位，张辉重新规划自己，他决心利用一年时间尽快进入角色，适应新的工作环境，争取在五年内成为单位的技术骨干，在十年内成为集团公司中层技术干部。为了实现这个目标，他不怕苦、不怕累，沉下心来默默地工作。

陈军没有人生目标，他认为参加工作后就是要好好地享受。因此，每个月拿到工资后，他经常约一帮同学外出游玩。半年后，与他相熟的一些同学因为在公司上班欠缺自由、有时倒班很辛苦等理由纷纷辞职，一起入职公司的同学只留下十多人。陈军刚开始不为所动，但时间长了，在一些同学的怂恿下，也有了想辞职回家的念头。一次，陈军想请假外出，但因公司需赶货加班，车间主任不予批假，一气之下，陈军辞职回了家。

十年后，张辉一步一个脚印地实现自己的职业生涯规划，他不仅考取了技师证，还经常被公司选派到国外学习新技术，而且成为公司的技术车间主任，月薪逾万元。同时，他还在广州成家立业，妻子是某幼儿园老师。现在，夫妻俩月收入近两万元，一家人过上幸福的小康生活。陈军辞职后，一直没有进行职业生涯规划，生活得过且过，不断跳槽换工作。由于没有正式工作，陈军没有什么积蓄，为了养家糊口，他每天在镇里用摩托车载客，月收入不到两千元。

问题：1. 说一说，谁是事业成功者？为什么？

2. 你打算如何规划自己的职业生涯？

陈东的“名厨梦”

陈东从小喜欢吃妈妈做的饭菜，经常下厨跟妈妈学炒菜。平时跟家人到酒楼或亲戚朋友家吃饭时，他也特别留意烹饪方法，一回家就动手尝试。

深信“民以食为天”的他，立志做一个“名厨”，中考第一志愿就是烹饪专业。入校后，他非常努力学习，同时还利用双休日到一家三星级酒店当传菜生，空闲时间就去后厨帮师傅洗菜、切菜。他先掌握了熟练的刀功，遇到师傅们高兴时还能掌勺。他对烹饪越来越喜爱，想出了不少创新菜品，先后三次获得这家酒店的“创新奖”。

扎实的基本功，再加上丰富的实践经验，使他的烹饪水平提高很快，毕业时他已能做不少拿手菜。现在，陈东已是广州一家名酒楼的“大厨”，圆了当“名厨”的梦。

问题：1. 在故事中，陈东是如何圆梦的？

2. 这个故事给我们的启示是什么？

第六章
建立顶岗实习观

通过前五章的学习，相信同学们对自身的职业发展有了较明确的方向。现在，你需要学习顶岗实习的知识，通过顶岗实习知识的学习来衡量你是否经受得住职业的考验，证明自己的职业胜任能力。

在开始顶岗实习前，同学们是否有完善的实习计划，是否考虑过以下几方面。

1. 认真学习企业员工的爱岗敬业精神。

2. 认真学习企业员工的吃苦耐劳精神。

3. 认真学习企业员工严肃认真的工作态度。

4. 认真学习企业员工诚实守信的工作品质。

5. 认真学习企业科学管理制度、企业文化和技术技能等。

在这一章，你将明白顶岗实习的含义、意义和常见问题。同时，你还需学习职业胜任的要素，以及知识、技能和经验对职业活动的影响。

一、什么是顶岗实习

顶岗实习是指在基本完成教学实习和掌握大部分基础技能之后，到专业对口的企业现场或实习基地直接参与生产过程，综合运用本专业所学的知识和技能，以完成一定的生产任务，进一步获得感性认识，掌握操作技能，学习企业管理，养成正确劳动态度的一种实践性教学形式。

二、顶岗实习的意义

顶岗实习是为了培养学生的综合素质、动手能力，缩短学生走上工作岗位的适应期，是提高就业竞争力的有效途径，也是产教融合、工学结合的重要教学环节。其意义主要表现在以下三方面。

（一）转变就业观念

转变就业观念就是让学生从生活、学习状态切换到就业状态，在思想观念上适应社会，了解社会对职业岗位的需求，明确自身职业素养需要加强、提升的地方。

（二）增强岗位责任意识

每一个岗位都有它特有的社会价值，“干一行，爱一行，专一行”是一种岗位责任，也是一种职业品质，用人单位很注重这种品质。想要增强岗位责任意识，就必须顶岗深入到生产一线，脚踏实地地工作，只有兢兢业业地去做，才能磨炼和增强你的岗位责任意识。

（三）增强社会经验

顶岗实习不仅是一种劳动锻炼，更重要的是通过实践增强工作能力，增强工作状态下的沟通和适应能力，增长做事的才干。

记住：顶岗实习是职业生涯的前奏，是提前了解社会，培养动手操作能力，提升职业素养，缩短走上工作岗位的适应期，提高就业竞争力的有效途径。

三、顶岗实习常见问题

许多人把顶岗实习看作非正式工作而不加以重视，也有些人在顶岗实习时还以学生身份看待自己，没有转换角色，没有把自己当作单位员工来严格要求自己，错过了宝贵的实习机会。以下五方面是顶岗实习中比较常见的问题。

（一）心理反差较大

在学校读书、生活时，一切费用由家长提供，学生心安理得，既没有失业就会失去收入的危机感，也没有工作任务的压力。校园生活同车间（公司）一线劳动相比，是两个“世界”：一线劳动是体力或脑力的付出；而读书是靠家长供养，是消费型的生活方式。没有从事过车间（公司）体力劳动的学生，对车间（公司）的机器轰鸣声，简单重复的劳动节奏，会感到枯燥无味，再加上时常要加班加点，学生心理反差较大，容易产生抵触心理。

（二）吃苦精神较差

顶岗实习时，学生从事着简单重复的劳动，上班下班连轴转，体力和精力消耗较大，许多同学由于欠缺吃苦耐劳精神，会觉得身心疲惫，嫌弃工作枯燥、辛苦，这是同学们不愿意参加顶岗实习的又一问题。

（三）适应能力较差

从学生到员工，从读书到工作，从课堂到车间（公司），这涉及角色转变和观念转变。有的同学不理解顶岗实习的重要性，不明确毕业后的就业方向，对就业期望过高，特别是顶岗实习岗位与专业不对口的同学，没有更好地认清就业形势，容易产生就业负面情绪，不能尽快适应工作要求，甚至由于工作不上心，多次出现违反车间（公司）管理制度的现象。

（四）沟通能力欠缺

良好的沟通能力能更好地提高顶岗实习的工作效率。学校是“小课堂”，社会是人生“大课堂”，学生从学校进入社会参加工作，团队协作能力和沟通能力尤其重要。学生需要在学习中逐渐成长，在成长中不断实践。许多同学在顶岗实习中抱怨学习不到东西，认为上司对他有成见，甚至自作主张导致工作出错。这都是欠缺沟通能力的表现。如果一个人在新的工作环境能够虚心好学、不耻下问，与上司、同事和客户真诚沟通，相信他不仅能学到新的技术、技能，而且会得到上司、同事和客户的由衷点赞。

（五）工作作风有待提高

从近年学生顶岗实习数据分析来看，大部分同学在顶岗实习表现上可圈可点，只是有小部分同学顶岗实习不久就消极怠工，欠缺认真、细致的工作态度和持之以恒、精益求精的工匠精神。

记住：每一项工作要做好都不容易，既然选择了这项工作，就要不忘初心地扎扎实实做好，将工作做到极致。

四、职业胜任

职业胜任是指在职业活动中，个人能力、人格等品质特征能够满足职业要求的状态。

（一）知识水平

无论何种职业，都需要一定的相关专业知识。专业知识是职业胜任中最为基础的一个方面，它并不完全等同于学历，是指为完成与职位相匹配的工作任务，所必须掌握的生产活动中涉及的相关专业知识。

（二）技术能力

技术能力有别于知识，它是一种通过训练而获得的，可以顺利完成某种工作任务的动作方式和动作系统。

（三）个人特质

个人特质是一个人相对稳定的思想和情绪方式，是其内部的和外部的可以测量的特质。

（四）动机水平

动机是在特定领域内，驱动、指导个体行为的思想。动机水平的高低会直接影响工作绩效。

职业胜任与工作绩效有着密切的关系，与工作情景相关联，更是区分优秀业绩者和普通业绩者的标准。

记住：做到职业胜任，关键在于人职匹配。

五、知识、技能和经验对职业活动的影响

（一）知识对职业活动的影响

1. 不同的职业对知识的要求不同。
2. 知识是工作者素质能力的基础。
3. 知识管理成为一种新的管理手段。

（二）技能对职业活动的影响

1. 不同的职业和工作岗位，对技能的要求是不同的。
2. 技能很大程度上受到后天的学习与实践因素的影响。
3. 不同的技能水平对工作绩效有着不同程度的影响。

（三）经验对职业活动的影响

1. 可以决定操作的熟练程度。

2. 可以减少相同操作的工作时间，提高工作效率。

3. 可以降低在工作中出现错误的概率。

4. 可以更好地处理工作中的突发问题或事件。

记住：知识、技能、经验等主要靠后天的学习与积累获得。

六、顶岗实习的正确观念

（一）增强自信心

自信是择业成功的重要因素，也是顶岗实习重要的心理素质。作为一名顶岗实习生，在了解用人单位的要求后，自己要充满信心，相信自己能够胜任工作，要积极主动、坚持不懈，要有“敢为天下先”的精神。只有坚信自己有实力能胜任某项工作，才能将工作做得更好，从而赢得用人单位的信任和赏识。

（二）树立坚强意志

意志是人为了达到一定的目的，自觉组织自己的行动，并与克服困难相联系的心理过程，它是人的意识的能动表现。一个意志明确又坚强的人，一般都具有自觉性、坚定性、果断性、自制力等几种意志品质。决定事业成功与否的关键是人的意志品质，这就是“有志者事竟成”的道理。如果做事情拈轻怕重，还时常抱怨，这样的人是很难取得成功的。

（三）脚踏实地地工作

学有所长，学有所用。在找工作时，能将在校期间所学的知识应用到实际工作当中，找一份专业对口、自己又感兴趣的工作是所有实习生的梦想。但是，理想很“丰满”，现实很“骨感”，一时找不到对口专业的工作，也不要操之过急，应该先就业后择业。所以实习生要脚踏实地地工作，要正确认识自己，从底层、基层做起，这样更有助于走上职业成功之路。

记住：大多数人都是通过顶岗实习慢慢地爱上自己的工作，顶岗实习是职业生涯的起点。

七、案例

陈锋和李玉的就业故事（六）——顶岗实习

陈锋同学在某高级技工学校学习了两年多，按照学校教学要求，他需要到企业顶岗实习。陈锋读的是汽车维修专业，该专业社会用工需求量比较多，学校联系到某知名汽车维修公司，并安排陈锋与班里的一些同学一起到该公司顶岗实习。实习期间，陈锋被选为实习班长，他非常珍惜这难得的实习机会。因此，他转变观念和角色，把自己当作实习单位里爱岗敬业的正式员工，不但很快适应了工厂生活，而且工作勤快，任劳任怨。他还不断增强岗位责任意识，严格要求自己。同时，他主动沟通，向带班师傅虚心请教，将学校所学的知识与工作实际相结合，遇到问题不断钻研，得到了实习单位很高的评价，被评为“优秀实习生”。实习结束，该汽车维修公司联系学校就业办，表示想留下陈锋成为该公司正式员工。陈锋也对该公司的各项就业条件都非常满意，愿意毕业后到该公司工作。

临近顶岗实习，李玉同学自己联系到本地一家农资公司。最初，她在农资公司财务部实习。实习期间，她认真投入工作，每次上班都提前到岗，做卫生，整理文件。实习一个月后，她发现这家农资公司在各个乡镇都设有销售部，她认为做销售工作会有更大的发展空间。于是，她向实习单位人事部门提出申请，表示想到乡镇的农资销售部去实习。很快，该公司认为她平时表现勤快，同意她到乡镇销售部工作。在乡镇销售部，她积极工作，认真熟记销售产品的相关事项，充分发挥她在校参加志愿者协会练就的热心为人、助人为乐的品格，经常与乡镇居民认真沟通，了解他们的种养需求，为他们推介产品，排忧解难。同时，她与销售部里的几位老员工相处得也非常融洽，久而久之，大家都把她当成正式员工来对待。实习结束，李玉所在的乡镇销售部业绩增长明显，许多老员工纷纷向公司提出，要留下李玉为公司创造更大的效益。

说一说：陈锋与李玉是怎样顶岗实习的？

想一想：读完陈锋与李玉的故事，你应该有什么行动呢？

八、小结

1. 顶岗实习是了解岗位、认识岗位、培养岗位责任感的关键环节。

2. 顶岗实习要转变角色，不断调整自己。

3. 职业胜任包括知识水平、技术能力、个人特质和动机水平等的胜任，这几方面缺一不可。

九、练习

参加社会实践活动

2019 年寒假期间，某高级技工学校林老师带学生到深圳某电子厂参加社会实践活动。刚开始，有部分学生不适应工厂的生活和饮食，将工厂就业生活与学校生活做对比，没有转换角色，思想开始动摇。林老师意识到学生的思想动态后，耐心做学生的思想工作，希望大家尽快转换角色、调整心态以适应岗位需要，并鼓励大家与工厂员工做好沟通与交流，认真学习岗位技术，掌握工作方法。

一个月后，大部分同学都能转换角色，适应工厂工作需要，并有部分同学得到工厂师傅、员工的高度评价。全班30多位同学，在班长邬同学的带领下，工作勤勤恳恳，任劳任怨，全班同学一条心，与工厂老员工共同把工作认真做好。例如，每次工厂需要加班，他们全班同学都会第一时间支持、响应，从不推诿、埋怨，更不会像其他同学那样，找借口让带队老师出面向工厂请假。平时，他们将宿舍卫生也搞得非常干净、整洁，多次受到工厂的表扬。社会实践活动结束后，该班学生不但工资

结算可观，而且受到工厂领导的高度表扬，被评为先进实习班级。

但一同去参加社会实践活动的某班同学，却表现出不一样的行为。首先，全班同学不团结，特别是班里有几个“积极分子”喜欢发表不正确言论，如工厂环境太差了、工作时间太长了等一些偏激看法。事后，带队老师找他们谈话，说明利弊，他们好不容易才答应留下来工作。其次，有几位同学经常上班迟到。上班迟到不但会被扣工资，而且影响日常工作。工厂组长多次找他们谈话，但这几位同学屡教不改。最终，该班的一些同学被工厂开除。

问题：1. 这两个班的同学参加社会实践活动，为什么会有不同的结果？请说明理由。

2. 你认为顶岗实习要制订怎样的计划呢？

第七章 做好求职准备

做好求职准备是同学们敲开职业大门的关键，每个人开始职业生涯前都需要认真做好这一步。

在这一章，你需要学习如何收集和利用就业信息，如何将你的优势、长处以最好的形式展现出来，争取得到用人单位对你的青睐。

职业指导教程

一、收集和利用就业信息

（一）收集就业信息

就业信息无处不在，要掌握就业主动，就要全方位地了解一切就业信息。信息收集主要有以下几个途径。

1. 学校就业部门。学校专门设立就业办，主要是为学生推荐就业和做好就业服务工作。因此，每年都会有许多用人单位直接与学校就业办联系，这是学生获取就业信息的重要途径。

2. 社会就业服务机构。社会就业服务机构掌握丰富的社会就业信息资源，而且信息来源一般真实、可靠。

3. 人才交流洽谈会。人才交流洽谈会往往是就业信息的集散地，而且会有大型企业来这里“招兵买马”，往往能够获取到优质企业的招聘信息。

4. 亲友或其他熟人。通过亲朋好友获取的就业信息往往比较准确，就业成功率一般较高。

5. 媒体。一些企业求贤若渴，会在报纸、杂志、广播、电视等媒体发布招聘广告。媒体发布的招聘广告往往是企业急招岗位，因此，要及时应聘，以免贻误就业机会。

6. 从顶岗实习单位获取信息。利用顶岗实习、参加社会实践活动等机会收集就业信息，这也是非常重要的就业途径。

7. 新媒体。借助新媒体发掘就业途径。当前，社会有许多人才招聘网站，许多企业喜欢在专业招聘网站发布就业信息，学生可时刻留心相关网站信息；同时，还可利用微信、QQ 等收集就业信息。

记住：信息是成功就业的桥梁。

（二）利用就业信息

收集就业信息是为了更好地利用就业信息，更快地找到适合自己的工作。利用就业信息要做好以下几点。

1. 加工整理。要对就业信息加工整理，去伪存真，去粗取精。

2. 掌握重点。凡事应有主次之分，对重点信息要勾画注明，重点对待，专门留存。

3. 量体裁衣。选择、收集就业信息时，必须要有的放矢，要有针对性，找到符合个人就业需要的各种信息。

记住：就业信息在一个人的就业过程中是否重要，关键要看它是否适合自己。只有适合自己的，才是最好的就业信息。

二、建立合理求职思路

求职应聘，要了解用人单位的核心需要。每一种职业对从业人员都有核心能力的要求，要看看自己各方面条件与用人单位的核心需要是否匹配。同时，自己也要做好自我评估，建立合理的求职思路。

（一）就业期望值

就业期望值是指对职业环境、发展、条件、待遇等方面量化的估计值，包括最高值和最低值。例如，期望月薪 3 000~5 000 元，3 000 元是最低值，5 000 元是最高值。要根据自身实际情况来确定适合自己的最高值和最低值。

（二）寻找机会

机会只给予有准备、勇于尝试、敢于挑战的人。找工作需要主动收集信息，寻找机会，通过多种途径获取更多的求职机会。

（三）不断尝试

求职是一个不断尝试和探索的过程，多尝试与自己职业目标有关的工种，往往会有意想不到的收获。同时，还要善于调动身边可利用的资源，这可以帮助你更快走上成功之路。

记住：机会只给予有准备的人，要有正确的就业期望值。

三、增强求职心理

求职择业是对一个人的自信心、承受力、耐挫力和意志力的严峻考验。特别是近年来，许多单位在招聘时不仅喜欢专业型人才，而且更青睐素质型人才。因此，求职者应注重调整自己的求职心态，以良好的状态去应对求职挑战。

（一）增强自信心，避免自负

要相信自己一技在身，完全有能力找到并胜任一份适合自己的工作。但是也不要过于自负，用人单位往往不喜欢眼高手低的人。

（二）积极乐观，勇于挑战

做好遭遇挫折的心理准备。人往往在顺境中乐观自信，在逆境中意志消沉。求职过程中碰壁、遭遇失败是常有的事，关键是要做到屡败屡战、百折不挠。

（三）展现真才实学，诚信为本

求职靠的是真才实学和诚信人格。投机取巧迟早会被揭穿，即便暂时得逞，一旦败露也会名声扫地。另外，求职是为自己找工作，找到工作以后也要靠自己拼搏干出成绩，依赖父母或亲朋好友是暂时的，自己的路最终要靠自己一步一步地走下去。

四、制作求职简历

对于毕业生来说，简历是其获取理想工作职位的敲门砖，也是个人的另一张面孔。

（一）简历的构成

想一想：你觉得一份简历应当包括哪些内容？

从严格意义上讲，简历没有一个固定的构成模式，但简历确有其必须具备的内容，那就是以不同的方式向对方展示自己。简历大致包括以下几方面内容。

1. 求职意向。应聘者要表明自己的求职意向。只有这样，用人单位才能知道应聘者是否对该职位感兴趣。

2. 个人概况。个人概况大致包括毕业生的自然状况，如姓名、性别、出生年月、健康状况、毕业学校、所学专业、联系方式（如电子邮箱、手机号码、通信地址、邮政编码）等。

3. 教育背景。本部分要概括说明求职者的教育背景，何时、何地，在何学校、何专业完成自己的学业，学习成绩如何。

4. 主修课程。主修课程包括在校学习期间完成了哪些主要课程的学习，学习效果如何，以便用人单位更为准确地了解求职者的学习成效。

5. 主要技能

（1）语言水平。明确掌握的语言，说明基本的听、说、读、写能力达到何种水平。

（2）计算机水平。本部分包括对计算机系统及办公软件的操作熟练程度，以及编程、网络数据库方面的操作水平。如有相关证书，要写出证书名称，可以作为计算机水平的佐证。

（3）专业水平。本部分要把所学的专业技能的操作熟练程度列出来，如有相关证书可列出。

6. 实践活动。实践活动也是简历的核心内容，包括校园实践和社会实践两部分。应聘者在学校里参加的活动与实习、工作或培训经历及收获，应聘者可以着重叙述，一定要突出与求职意向相关的工作经历。

7. 获奖情况。本部分要列出求职者的获奖情况，尤其是在校期间获得的奖项。

8. 个性特点。本部分要以简单精练的语言概括性地描述出求职者的个性、工作态度、自我评价等。

简历风格不一，或浓墨重彩，或轻描淡写，或侧重某一方面；相同的是，都需要仔细斟酌。我们要把握住简历的一般结构，认真制作出有自己特色的求职简历。

（二）简历制作的原则

有的毕业生制作个人简历，篇幅 10 多页，不分轻重，不择详略，从姓名、性别到身高、体重样样翔实；学习的经历面面俱到，字面上完整无缺，但读过后却空空如也，不知所云，没有任何特色。这样的简历，内容过全、过细，对求职没有任何帮助。在制作简历的时候应当遵循以下原则。

1. 清晰明了原则。清晰的目的是便于阅读。制作简历就像制作一幅平面广告作品，排版时需要综合考虑字体大小、行和段的间距、重点内容的突出等因素。

2. 针对性原则。对于不同行业、不同公司和不同职位，如果提交的都是同样的简历，那么就欠缺了一定的针对性。要根据应聘职位的性质，突出与之相关联的经历，使简历更具有针对性。

例如，甲公司要求应聘者具备相关行业经验和良好的销售业绩，如果在简历中清楚地陈述了有关经历和事实，并且把它们放在比较突出的位置，这就具有了针对性。又如，乙公司要求应聘者具备良好的英语口语能力，如果在简历中描述了涉外商务翻译的经历，这就符合了针对性原则的要求。

3. 简单表达原则。简历越长、越厚就越好吗？事实并非如此。简历越长，被认真阅读的可能性就越小。如果必须制作一份较长的简历，那就要在简历的开头部分，以简洁的语言概述主要内容，方便阅读。

4. 客观真实原则。简历要提供客观的，可以证明或者佐证资历、能力的事实和数据。比如，“2018 年 12 月获学校计算机技能大赛第一名”或“2019 年 3 月，因为在某某演讲大赛活动中表现出良好的协调组织能力而获得学校领导的表扬”等。

5. 求真务实原则。简历要务实。很多毕业生在描述个人能力时，爱用团结同事、能给公司带来多少效益等空话和虚话。而这些词语，其他应聘者也会使用，丝毫显示不出个人能力。如果确能给公司带来效益，最好有理、有据地说明。

在教育背景方面，用人单位更在意应聘者的专业课程。因此，在简历上要把所学的专业课程列出来，不要无主次地将全部课程都写出来。

（三）简历制作的要求

简历是个人学习和社会实践经历的简短集锦，也是自我评价和能力认定的主要材料。它是一扇窗户，用人单位能透过它了解应聘者的相关情况，也能激起用人单位与应聘者进一步接触的浓厚兴趣。制作简历的基本要求有以下几点。

1. 内容充实。简历一定要写得充实，有内容、有个性，至少能在一定程度上反映出你的真实情况。

2. 长度适当。简历不可太长，其格式应便于阅读，有吸引力。在简历中要充分展示自己的专业特长和一般特长，强调过去所取得的成绩，最好能写出 3 种以上的成绩和优点，并且要讲究材料的排列顺序。

3. 注意细节。注意简历所列数据的准确性和文字表达的正确性。如果一份简历数据有误、错别字连篇，可以想象会带来什么样的后果。

另外，在简历中不要轻易使用有争议的数据和文字，不要过多地罗列数据，不要带有过多的感情色彩；要注意文字表达顺畅，层次分明，重点突出，格式规范。

4. 优缺点把握有度。简历中一定不要把自己的一切包括弱项都写进去。不写并不代表说假话。

有的学生在简历上写道：“我刚刚走入社会，没有工作经验，愿意从事贵公司任何基层工作。”这种写法会让招聘者认为你什么职位都可以，其实这就是目标不明确。

5. 近照增强直观印象。图文并茂不仅是好简历的有效格式，也可以让用人单位更直观地了解你。简历上不一定要有多大、多好的相片，保证有一张一寸相片即可，这样可以增强招聘者对你的直观印象。

此外，还要注意采用合适的投递方式。有调查表明，通过电子邮件和网站提交电子版简历，较容易被招聘者发现。

（四）简历例文

例文 1

个人简历

【求职意向】财会职业（财会电算化）、与计算机有关的职业

【个人概况】

姓名：王薇	性别：女
民族：汉	籍贯：广东省茂名市
出生年月：1996 年 1 月 19 日	政治面貌：预备党员
学历：高技	毕业学校：×××技工学校
专业：会计电算化	通信地址：茂名市茂南区××园××号
邮编：525000	联系电话：138××××××××

【教育背景】

××××年　×××技工学校

××××年　茂名××中学

【证书】

全国计算机应用技术证书。

【专业技能】

计算机：熟练应用 Office 办公软件等。

会计：系统学习了本专业知识，对对账、汇账等业务比较熟悉。

语言：普通话（标准），粤语（流利），英语（二级）。

【实践活动】

××××年，在校广播站担任广播员，主要负责编制校园广播节目及播报工作。

××××年，在茂名市明湖商场实习，担任收银员，熟悉会计业务。

【获奖情况】

××××年被评为“优秀团员”。

××××年被授予×××技工学校“校级优秀学生干部”称号。

××××年获二等奖学金。

【自我评价】

工作认真，谦虚，自信，勤奋执着，乐于助人，有一定的组织协调能力和团队合作能力，适应能力、应变能力和沟通能力较强，有较强的责任心和吃苦耐劳精神。

【性格特点】

活泼，善良，易于相处，直爽，谦虚，诚实，自信，坚强，有恒心，有创新思维。

【兴趣爱好】

唱歌、跳舞、旅游、打乒乓球。

您的信任与我的实力将为我们带来共同的成功！我希望能为贵公司贡献自己的力量！

例文 2

个人简历

<table>
<tr><td>求职意向</td><td colspan="6">与计算机及电子商务相关的职业</td></tr>
<tr><td>姓名</td><td>赵宇</td><td>性别</td><td>男</td><td>出生年月</td><td>1998 年 10 月 1 日</td><td rowspan="4">照片</td></tr>
<tr><td>籍贯</td><td>北京</td><td>民族</td><td>汉</td><td>政治面貌</td><td>团员</td></tr>
<tr><td>毕业院校</td><td colspan="3">北京××职业学校</td><td>专业</td><td>电子商务</td></tr>
<tr><td>家庭住址</td><td colspan="4">北京市西城区××大街 1 号</td><td>邮编：100008</td></tr>
<tr><td>联系电话</td><td colspan="4">139××××××××</td><td colspan="2">E-mail：×××@ sohu. com</td></tr>
<tr><td rowspan="2">教育背景</td><td colspan="3">2016 年 9 月—2019 年 6 月</td><td colspan="3">北京××职业学校</td></tr>
<tr><td colspan="3">2013 年 9 月—2016 年 7 月</td><td colspan="3">北京市西城区××中学</td></tr>
<tr><td>主修课程</td><td colspan="6">数据库基础（Access）、网页设计、多媒体（Adobe Photoshop 3D Max）、电子商务、电子商务网站建设与实践、计算机组装与维护、VB 程序设计、计算机操作基础、物流基础、经济学基础、网络营销等</td></tr>
</table>

续表

证书及获奖情况	2018 年取得电子商务师职业资格证书
	2018 年取得计算机二级证书
	2018 年获三等奖学金
	2017 年取得计算机一级证书
社会实践	2018 年 2 月在××统计局参与全国第××次经济普查工作
	2018 年利用课余时间在××电器连锁公司做临时手机促销员
自我评价	性格开朗，爱好广泛，做事踏实，积极主动，能吃苦耐劳，自觉自律，待人真诚，善于与他人相处，有很强的责任感和事业心
学校推荐意见 单位公章	

五、案例

陈锋和李玉的就业故事（七）——求职前准备

临近毕业，虽然在校成绩不错，但陈锋内心还是有些焦虑，担心自己找不到工作。于是，他不断了解用工信息。向亲戚朋友打听社会的就业环境，向老师请教就业途径和方向。同时，他结合当前刚参加工作的汽车技术工的工资待遇，将工资期望值定为 2 500~3 500 元，希望自己到有发展空间、有新技术学习、能够助力自己成长的企业去就业。学校安排他到某知名汽车维修公司顶岗实习，他非常珍惜这个机会，在做好本职工作的同时，经常向主管师傅了解就业途径，并表示希望留在该公司工作。主管师傅了解他的情况后，对他的平时表现和日常工作非常满意，多次向公司人事部门推荐，想留下陈锋当助手。顶岗实习结束后，该汽车维修公司向学校提出要留下陈锋同学成为该公司的正式员工，月薪 3 200 元。

李玉经亲戚介绍来到某农资公司财务部实习。她一边实习一边了解公司的经营状况和招聘信息。她了解到公司财务部一般不招收新员工，而公司在各个乡镇的销售部经常招收新业务员。于是，她向公司提出希望到乡镇去实习，做一名实习销售员。成为一名实习销售员后，李玉非常勤奋，表现优秀，不仅助力该乡镇销售部业绩上升，而且得到顾客和在职员工的高度评价。实习结束后，公司希望她留下来成为正式员工。

说一说：陈锋与李玉是怎样获取就业信息和就业机会的。

六、小结

求职准备是敲开职业大门的关键。求职前，需要多方面收集信息，求职信息决定着职业机会。求职时，需要自我评估，为自己设定一个期望值，让你更有信心地面对职业选择。求职前，还要制作精美的简历展现自己。总而言之，求职就是将个人优势以最好的方式呈现出来，展现最优秀的自己。

七、练习

陈明找不到工作

陈明从某技工学校机电一体化专业毕业后，一直赋闲在家，毕业三年了，没有任何经济来源，平时日常生活开支主要依靠父亲打短工资助。

毕业前，陈明由学校推荐到某知名企业顶岗实习，但他既不积极工作，也不利用顶岗实习机会了解企业用工信息。短短几个月后，一些表现优秀的同学被企业留下成为正式员工，而他因为表现不突出、工作不主动而不能成为正式员工。回到学校后，一些单位经常到学校招聘，班主任多次打电话通知其去面试，但他面试要么迟到，要么没有制作好个人简历，因此，几次在校招聘面试都没有成功。毕业后，陈明回到家里既不与同学、学校就业办老师联系，也不向亲戚朋友打听就业信息，更没有到专业网站和专业招聘机构了解就业信息，而是每天上网玩游戏，在家里游手好闲，这让他的父母非常担心。

问题：1. 陈明为什么找不到工作？

2. 他应该怎么办呢？

第八章
准备面试

学到这一章，相信大家对职业已经有了不一样的认识，也十分清楚自己的职业方向与规划。

在这一章，你将学习面试前需要做好哪些准备工作，以及面试时要注意的相关事项。

职业指导教程

一、面试前准备

面试虽然是一个短暂的过程，但非常重要。面试时，用人单位通过相关测试，在短暂的时间里选择最适合工作岗位的人选。对应聘者而言，短暂的面试时间决定着你面试的成败。因此，面试需要做好最充分的准备，更不应该在面试时犯下一些低级错误，错过大好的就业机会。

（一）面试三要素

面试三要素是指时间、地点和联系人。通常情况下，招聘单位会提前通知面试的时间、地点和联系人。应聘者面试前一定要将三要素记录清楚，并按时到位，决不能马马虎虎，错失了时机。

（二）心理准备

面试时，一般人都会感到紧张，甚至由于认知偏差，会产生焦虑、恐惧等情绪，这会在一定程度上影响面试水平的发挥。因此，面试要做好充分的心理准备，既不要低估自己，自卑自弃，让人觉得你自信心不足，没有才能；也不要高估自己，夸夸其谈，让人觉得你不可信赖。面试时，既要表现出热情和诚意，也要做到谦卑从容，给用人单位留下一个好印象，从而为你的面试加分。

（三）资料准备

许多人认为已经向用人单位投递过简历，因而在面试时往往忽视携带备用资料。其实，用人单位为了更好地招到人才，往往会重新审视应聘者的相关资料。因此，备齐资料参加面试有备无患，可使你的面试有意外收获。同时，最好带上笔和本，在面试时将招聘者的一些重要问题记录下来，这样既是对他人的尊重，也可看出你对面试的重视。

记住：面试前做好准备往往会达到事半功倍的效果。

二、面试的内容

面试测评主要有以下几项内容。

（一）仪表风度

仪表风度是指应聘者的体形、外貌、气色、衣着、举止、精神状态等。研究表明，仪表端庄、衣着整洁、举止文明的人，一般做事有规律，注意自我约束，责任心强。

（二）专业知识

作为对笔试的补充，招聘者通过面试了解应聘者掌握专业知识的深度和广度，以此决定应聘者是否符合招聘职位的要求。在面试过程中，招聘者对专业知识的考查更具灵活性，比如，可以随机提问，也可以要求应聘者现场解决一些技术问题等。

（三）职业技能

应聘者的职业技能水平虽然可以通过查阅其个人简历得到一定程度的了解，但这种了解是肤浅、片面的。面试不但可以验证应聘者个人简历对职业技能的描述，而且可以考查应聘者的职业道德、责任心、主动性、思维能力、口头表达能力等基本状况。

（四）工作态度

招聘者往往需要通过面试了解两方面信息：一是了解应聘者对过去学习和工作的态度，二是了解应聘者对应聘职位的态度。一般认为，对过去无所谓的人，在新的工作岗位是很难勤勤恳恳、认真负责地工作。

（五）行为习惯

招聘者在面试过程中会非常注意应聘者的行为方式，特别是细节处。因为一个人下意识的行为可以真实地反映他的性格特征、道德修养、处事方式等，而这些又直接关乎一个人内在职业素养的高低和是否符合招聘单位的职位要求。

面试时，招聘者还会向应聘者介绍本单位的基本情况、拟聘职位的情况与要求，以及工薪、福利等应聘者关心的问题，回答应聘者主动询问的其他问题。

记住：细节决定成败。面试实质就是一个细致了解应聘者的过程，适当的言行举止往往会获得意外的加分。

三、面试失败的主要原因

（一）面试前没准备

主要表现为心态过于紧张，没有心理准备，难以沉着冷静地面对招聘者，并由于过度紧张影响发挥。

（二）自我形象较差

整洁、干练、彬彬有礼的应聘者，容易让人接受。诚挚、勤快的应聘者，总是受人欢迎。而疲惫拖沓、不拘小节，或浓妆艳抹、行事懒散的人，容易令人不悦。

（三）资料信息欠缺

应聘者对个人资料要非常熟悉，并对每一种资料所能发挥的作用做到胸有成竹。这样，面试中介绍自己的能力和资格时才能有理有据，不至于给招聘者留下夸夸其谈的不良印象。同时，求职者要尽可能了解面试单位的情况，这样可以使面试中的表现更具针对性，也能让招聘者感受到应聘者对招聘单位的重视和求职诚意。

四、面试技巧

（一）面试注意要点

1. 注意肢体语言。保持良好的仪态，不要显出拘谨的样子。坐姿要舒坦，要去除一切紧张不安引起的不良动作。要尽量与对方进行适当的目光交流，表现出感兴趣和全神贯注的神态。

2. 讲话坦率、自信。重点介绍自己所取得的最主要的成绩。同时，避免自吹自擂或夸大其词。

3. 展现自我本色。自我展现时，不要刻意伪装，因为这样做是很难成功的。招聘者完全能够感觉到你在说谎。

4. 保持热情态度。在招聘者介绍公司、岗位情况，将面临的挑战以及存在的问题时，应聘者表现出极大的热情是非常重要的。如果应聘者在面试过程中对以上话题的态度不是很积极的话，招聘者会认为你在工作中对这些内容也不感兴趣，从而会觉得你是一个逃避责任的人。

5. 不要怕停顿。如果你碰到一个需要经过认真思考才能回答的问题，不必急着给予答复，仔细想一想自己要说些什么。这样的停顿表示你对招聘者提出问题的重视，这在某种程度上表明你的自信和成熟，还可避免自己仓促回答出错，或被对方认为该回答是经过事先准备的。

6. 保持平静心态。不要让面试的压力扰乱自己的心情。有些招聘者认为，了解应聘者是如何应对压力的将有助于全面了解一个人，因此，他们往往会在面试中故意给应聘者制造一些压力。可见，保持平静心态，从容应对面试会更有胜算机会。

（二）倾听技巧

倾听是一种重要的交流技巧。面试的实质就是招聘者与应聘者进行信息交流，从而获得全面评价的过程，形式上充分体现为“说”和“听”。因而，应聘者注意倾听，不仅表达了对招聘者的尊重，而且可以帮助你更好地理解问题。认真倾听要注意以下几个细节。

1. 目光专注。要有礼貌地注视招聘者，并且要不时与招聘者进行目光交流，视线范围大致在鼻以下、胸口以上，切忌东张西望。

2. 保持微笑。时刻保持微笑，适时爽朗的笑声可令气氛活跃，但决不可开怀大笑。

3. 轻微点头。用点头来对招聘者的谈话做出反应，并适时说些简短而肯定对方的话语，如“对”“可以”“是的”“不错”等。

4. 注意身体语言。身体稍稍向前倾斜，手和脚不要有太多的动作。表情要诚恳认真，漫不经心的表情必然会伤害招聘者的自尊心。

在面试中，应聘者除了要注意倾听招聘者的提问，还要注意察言观色。要根据招聘者的体态变化，了解招聘者的内心活动以及对自己的认识态度，从而做到知己知彼，有针对性地应对，变被动为主动。

（三）语言表达技巧

1. 简明扼要。面试交谈，受时间和内容限制，不同于平时闲聊，决不可漫无边际地“侃”。说话要简明扼要，用少量的话语传递尽可能多的信息。

2. 通俗朴实。通俗朴实是对应聘者语言风格的要求，即应聘者语言要通俗易懂，朴实无华。语言贵在自然、朴实、生动，表达真情实感。

3. 语速平缓。面试语速最好是不快不慢，口齿清楚，说话时注意句子间的停顿，使人感到你思路清晰，沉着冷静。

（四）问答技巧

问答技巧包括应答技巧和提问技巧两方面。面试中，应聘者主要是以回答招聘者的提问来接受测评的，同时也应主动提出一些问题来体现应聘者的应变能力和整体素质。

1. 应答技巧

（1）先说论点后说论据。应聘者在回答问题时，要用最短的时间组织说话的顺序，切忌不分主次，导致对方无法明白你的观点和思路。

（2）扬长避短，展现潜力。每个人都有自己的优势与不足，如何在有限的时间内充分体现优势，扬长避短，展现潜力，是一种应答艺术。

（3）诚实回答，切忌不懂装懂。面试中，遇到不明白的问题要坦诚回答，懂多少说多少，不懂就说不懂。为表示你的进取心，遇到不懂的问题时可回答：“以后我一定加强这方面知识的学习。”切忌不懂装懂，胡编乱答或自作聪明，漫无边际地说一通，最终给招聘者留下不诚实的印象。

2. 提问技巧

（1）注意提问内容。要视招聘者的职务来提问题，不要什么问题都问，搞得招聘者无法回答，场面尴尬，引起反感。

(2) 注意提问要点。应聘者通常可提的问题如下：1) 单位性质、上级部门、组织机构、人员结构、产品的经营状况等；2) 单位在同行中的地位，发展前景，所需人员的专业、文化层次和素质要求；3) 单位的用人方式、内部分配制度、管理状况、经济效益和社会效益等。

(3) 注意提问时间。要把不同的问题安排在谈话的不同阶段提问。有的问题可在谈话一开始提出，有的可以在谈话过程中提出，有的要放在快结束时提出，不要毫无目的地乱提，更不可颠三倒四、反反复复地提。在谈话之前，要将所要提出的问题一一列出，反复看几遍，以便谈话时头脑清醒，知道提问的顺序。

(4) 注意提问方式。有些问题可以直截了当地提出来。比如，单位人员结构、岗位设置等。有些问题，则要婉转、含蓄一点提出。比如，职工收入情况和自己被录用后的薪酬等问题，可以这样婉转地问："贵单位有什么奖惩条例和规定""贵单位实行什么样的分配制度"等。在询问时，一定要注意语气，要给人一种诚挚、谦逊的感觉，千万不可用质问的语气向对方提问，这样会引起反感。

五、面试前的重要 3 分钟

面试时，从进入面试室到落座、自我介绍，面试的前 3 分钟是最关键的。你必须在这 3 分钟内留给招聘者好印象。

（一）注意保持微笑

进入面试室别忘记敲门。敲门时用力要适中，太轻或太重都不合适，一般敲两下为宜。进入后，转身轻轻将门合上。从进入面试室到落座，注意保持微笑，落座时，腰板挺直，身体略微前倾，注意保持倾听的态度，一些习惯性小动作如抓耳挠腮、跷二郎腿等动作要尽量避免。

（二）自我介绍

自我介绍要真诚、大方得体。短短几分钟的自我介绍，是难得的自我展现机会。自我介绍前，要给自己定一个基调，塑造一个新形象，给招聘者留下一个深刻、良好的第一印象。

记住：面试前 3 分钟要给招聘者留下一个好印象，而要做到这一点，需要做好充分的准备。

六、案例

陈锋和李玉的就业故事（八）——面试准备

陈锋在某知名汽车维修公司顶岗实习时，由于表现优秀，带班师傅极力向公司推荐留他下来当正式员工。陈锋也非常想留在该公司工作，多次向带班师傅表示想留下来的意愿。该公司的员工招聘非常严格，所有进入公司的人员都需要面试，在带班师傅的积极推荐下，公司提供给陈锋面试的机会。为做好面试工作，陈锋做足准备，不仅了解了公司的历史背景、企业文化和岗位技术要求，而且面试前悉心准备资料。面试当天，陈锋精神饱满，穿着大方得体，按预定时间提前 20 分钟到场等候。面试时，陈锋彬彬有礼，沉着冷静，侃侃而谈，给招聘者留下了良好的印象。面试结

束后，陈锋以高分通过面试，成为该公司正式员工。

李玉到某农资公司面试。面试前，她认真对待，做足准备。她把自己在校组织活动、担任志愿者协会副会长时开展活动的资料和在顶岗实习中取得的优秀业绩等资料都准备齐全。她面试的岗位是乡镇销售员，销售岗位一般对面试要求比较高。招聘者对李玉面试时积极、认真的态度非常肯定，特别是认真看过她带来的补充材料后，更加坚定要录取她的决心。最终，李玉在众多应聘者中脱颖而出，找到了自己心仪的工作。

说一说：陈锋与李玉是怎样参加面试的？他（她）是怎样获得就业机会的？

七、小结

面试决定求职的成败。面试前，需要做足准备，包括调整好心态，了解时间、地点和联系人，以及带齐相关资料。

面试的内容包括仪表风度、专业知识、职业技能和工作态度等，通过了解相关面试内容，更加从容地应对面试。

面试技巧有倾听技巧、语言表达技巧和问答技巧，掌握面试技巧可以更加游刃有余地面对招聘者的各种提问。

总之，面试是应聘者与招聘者相互了解、相互促进的一次重要对话与沟通，需要真诚应对，高度重视，做足准备。

八、练习

李杰面试失败

李杰是机电一体化3班副班长，平时在校表现不错，学习成绩优秀，多次参加学校技能竞赛并获得名次，在校期间还考取了制冷证和中级电工证。李杰毕业后，他很想到珠三角一些知名企业工作。刚好，珠海某知名空调公司到该校招人，班主任组织班里平时成绩比较好的同学去面试。李杰由于平时成绩不错，被选中作为第一批面试学生。成为第一批被选中的学生参加面试，李杰感到十分幸运与高兴。面试结束后，李杰没有被选中，而班里他不是很看好的一些同学却面试成功了。李杰感到很失望。班主任了解他的情况后，咨询学校就业办得知，原来李杰面试时，不仅穿着拖鞋，而且头发染成了金黄色，给人留下了不好的印象。并且面试时，李杰过于自信，不断向招聘者提出问题，给人留下很浮躁、很不成熟稳重的感觉。就这样，李杰错失了一次到珠三角知名企业工作的机会。

问题：1. 李杰为什么会面试失败？

2. 他应该怎样做呢？